COMPETING IN THE AGE OF AI

Strategy and Leadership When Algorithms
and Networks Run the World

数智公司

AI重新定义"企业"

[美] 马尔科·扬西蒂　　卡里姆·拉哈尼　◎著
　　（Marco Iansiti）　　（Karim R. Lakhani）

罗赞 ◎译

机械工业出版社
CHINA MACHINE PRESS

图书在版编目（CIP）数据

数智公司：AI 重新定义 "企业" /（美）马尔科·扬西蒂（Marco Iansiti），（美）卡里姆·拉哈尼（Karim R. Lakhani）著；罗赞译 . -- 北京：机械工业出版社，2022.7（2024.7 重印）

书名原文：Competing in the Age of AI: Strategy and Leadership When Algorithms and Networks Run the World

ISBN 978-7-111-71001-1

Ⅰ. ①数⋯　Ⅱ. ①马⋯　②卡⋯　③罗⋯　Ⅲ. ①人工智能 - 应用 - 企业管理 - 研究

Ⅳ. ① F272-39

中国版本图书馆 CIP 数据核字（2022）第 120417 号

北京市版权局著作权合同登记　图字：01-2022-0830 号。

数智公司：AI 重新定义 "企业"

出版发行：机械工业出版社（北京市西城区百万庄大街 22 号　邮政编码：100037）

责任编辑：刘新艳
责任校对：殷　虹
印　　刷：北京机工印刷厂有限公司
版　　次：2024 年 7 月第 1 版第 2 次印刷
开　　本：147mm × 210mm　1/32
印　　张：9
书　　号：ISBN 978-7-111-71001-1
定　　价：69.00 元

客服电话：（010）88361066　88379833　68326294

献给我的母亲劳拉、我的妻子马勒娜以及我出色的孩子们。

——马尔科·扬西蒂

献给莎欣、西塔拉、杜拉特，她们让我的人生更有价值。

——卡里姆·拉哈尼

目录 —— CONTENTS

第 **3** 章

人工智能工厂　**/ 52**

新型公司的核心是可扩展的决策工厂，由软件、数据和算法提供支持。

第 **4** 章

公司的重构　**/ 80**

要想使数字网络和人工智能充分发挥作用，公司需要部署完全不同的运营架构。

VI

第**10**章 领导力再造 / 223

在人工智能时代，数智公司、传统组织、初创企业、监管机构和社区等各类组织的领导力会遇到一系列新挑战。

碰撞的世界

本书拟通过分析一种新型公司来定义人工智能时代，此类公司的结构是为了适应由数字网络、分析和人工智能所塑造的商业环境而构建的。其根本特征就是具有一种独特的运营体系——一种横向结构，利用集成数据来推动人工智能应用程序的快速配置，从而实现规模、范围和学习的指数级增长。该结构有别于传统公司内部孤立的结构形式，后者会限制公司的增长和响应能力，阻止敏捷沟通和协调，从而导致决策的片面性并限制技术和数据的共享共用。新的结构可以快速、广泛地配置计算机科学家所说的"弱人工智能"：根据特定用途对现有的算法进行微调就可投入使用，以完成公司大部分的重要运营任务。

本书探讨了相同领域内数智公司与传统公司频繁出现的各种碰撞。蚂蚁集团与银行业、YouTube 及网飞（Netflix）^一与娱乐业、爱彼迎（Airbnb）^二与传统酒店的冲突就是三个典型的例子。这些碰撞告诉我们，当指数系统运行到饱和状态（达到极限）时会出现什么情况。想一想高中时学到的内容，指数曲线在原点处是平缓的，然后以递增的速度迅速上升。如蚂蚁集团、YouTube 和爱彼迎的案例所示，数智公司最初只能提供有限的价值，因此老牌公司可能注意不到数智公司的竞争。即使注意到了，它们往往也会把这种威胁最小化、合理化甚至完全忽略。随着数智公司的竞争力越来越强，老牌公司可能试图通过向消费者宣扬数智公司的种种问题或游说监管机构来阻挠其发展。随着数智公司的进一步发展，一些老牌公司不得不开始调整自身的运营模式，对大部分系统进行数智化改造，但大多数时候，当它们这么做时为时已晚。一旦业务量达到一定级别，数智公司就会呈现爆发式增长，而传统系统将不堪重负。安卓和诺基亚、亚马逊和巴诺书店（Barnes & Noble）^三、YouTube 和维亚康姆（Viacom）^四、蚂蚁集团和香港上海汇丰银行都是鲜活的例子。

一　美国的一家提供互联网随选流媒体播放的公司。——译者注
二　美国的一家房屋短租服务公司。——译者注
三　美国最大的实体书店。——译者注
四　美国第三大传媒公司。——译者注

　　在创作本书时，我们虽然相信这种新型公司的出现是不可避免的，但同时觉得经济的转型尚需时日，因此大多数传统公司有足够的时间来调整和适应。我们在 2020 年 1 月发行本书英文版时，并没有预见到 Covid-19（新型冠状病毒肺炎）的暴发会如此迅速地改变世界经济和社会格局，疫情迫使所有的公司即刻就要完成数智化改造。全球疫情的暴发使我们面临这样一种情形：公司必须立即进行转型，这样才能应对另一种巨大的威胁——新型冠状病毒。

面对病毒的指数级增长

　　从新型冠状病毒肺炎危机中我们可以清楚地看到，呈指数级增长的系统与传统系统发生冲突时会有何种后果。在疫情早期，人们对疫情都不够重视，2020 年 1 月至 2 月期间，我们还奔走在美国和欧洲为新书做宣传，当时完全没有意识到我们就端坐在即将爆发的火山顶端。我们先去了波士顿、芝加哥、洛杉矶和旧金山，然后是伦敦、慕尼黑、巴黎和米兰，到处发表演讲。

　　本书两位作者中的一位（马尔科）从巴黎飞往米兰的那一天，新型冠状病毒肺炎在欧洲的传播达到临界点。随着飞机起飞，一切似乎平静下来，但是一些乘客忧心忡忡地盯着手机，还有几个戴着口罩。当马尔科和他妻子乘坐的飞机在米兰降落时，他们的语音信箱都要爆了。在乘车从马尔彭萨机场到酒店的路上，他们收听了这些语音信息，这才意识到一场重大的危机就要来临。仅仅在过去的几天里，新型冠状病毒肺炎的确诊病例就增加了一个数量级。疫情使米兰附近的许多城镇都陷入瘫痪。他们跳上另一辆开往苏黎世的汽车，睡了几个小时后开始了紧张的飞行，直接回到波士顿，然后就一直待在那里，目睹疫情的不断恶化，惊恐不安，所有人都陷入了困境。

新型冠状病毒肺炎对全球卫生和经济机构造成了严重破坏，无情揭示了呈指数级增长的疫情如何轻易摧毁传统组织（如医疗保健系统、医疗供应和技术公司、食品分销公司、金融服务公司和教育机构，等等）。大多数机构和政府组织在新型冠状病毒肺炎暴发之初麻痹大意，导致它们对控制疫情的技术、供应、流程和系统投入不足。

于是碰撞就产生了。

灾难的根源往往是在问题暴露初期任其发展，最终量变导致质变。传统公司与数智公司之间的碰撞使我们看到，传统公司唯一的出路是要对威胁有清楚的认识，能够快速响应并且制订周密的计划来应对长期转型。如果能够较早地意识到威胁的存在，就可以及时采取措施降低其发展速度。我们可以采取以下措施来阻止新型冠状病毒肺炎的传播：广泛的疫情追踪、隔离和保持社交距离。但是我们不能坐等威胁来临才有所行动，相反，我们可以也必须尽可能加强传统防御。对抗新型冠状病毒肺炎传播的策略包括：投入大量人力物力进行病毒检测，储备关键医疗物资，以及增强医院 ICU（重症监护治疗病房）的过负荷能力。此外，应对指数级威胁最有效的方法是部署一种运作架构，这种架构能够进行敏捷的指数级响应以抗衡危机。我们对那些能够及时应对疫情的组织进行了认真的分析，得出以上结论。无论新老公司，它们都是在软件、分析和人工智能的帮助下利用深度集成数据来推动运营决策的。

组织的转型已迫在眉睫。所有组织都应立即着手对其流程、系统和功能进行数智化架构以加速运营规模、范围和学习的发展。无论你所在的组织属于哪种，都没有理由彷徨不前，否则即使最终病毒没有打倒你，竞争对手也会毫不留情地击垮你。

下面让我们看几个案例。

不同类型的公司

当我们忙于发行本书时，一些组织已经开始与新型冠状病毒肺炎奋战。

2020 年 1 月 5 日，WHO 第一次发布有关该肺炎的新闻（DONs）。马萨诸塞州剑桥市一家生物技术公司莫德纳公司的首席执行官斯特凡内·班塞尔注意到了该报告。

1 月 13 日，美国国立卫生研究院（NIH）和莫德纳公司的传染病研究小组最终确定了该公司新型冠状病毒肺炎疫苗 mRNA-1273 的数字序列。[1]

2 月 7 日，莫德纳公司位于马萨诸塞州诺伍德市的工厂生产了第一批临床疫苗。

2 月 24 日（当时我们正从欧洲飞回美国），莫德纳公司研发的第一批临床疫苗被运送到 NIH 进行第一期临床研究。

5 月 7 日，莫德纳公司宣布美国食品药品监督管理局对第一阶段疫苗的审查已成功结束，可以进行疫苗第二阶段的开发，第三阶段有望在 2020 年夏初开始，最终有可能在 12 月初完成疫苗研制，总共周期不到 11 个月。

生命软件

莫德纳公司是一家与众不同的生物技术公司。该公司的许多架构方式都是为了能够快速响应突发状况。

首席执行官斯特凡内·班塞尔将莫德纳公司形容为

"一家生物领域的科技公司"[2]。莫德纳公司是生物技术初创工厂 Flagship Pioneering⊖旗下的投资公司，是联合创始人努巴·阿费扬于 2010 年创办的，致力于研发信使 RNA（mRNA）的创新疗法。莫德纳公司的技术基础有别于传统生物技术公司。从本质上讲，基于 mRNA 的药物开发类似于一种软件管理。人体系统产生特定蛋白质需要一系列条件，mRNA 就是对这些条件进行编码。因此，该技术就是为人体提供软件说明以产生能够对抗特定疾病的正确蛋白质。

莫德纳公司疫苗开发的关键是将 mRNA 指令集嵌入有机载体中，该载体可以将代码导入人体细胞。DNA 质粒提供一个基础平台，这一平台能够快速适应特定的 mRNA 指令。莫德纳公司要做的就是大规模生产质粒基础并将其设定为特定疫苗所需的 mRNA 代码。莫德纳公司首席技术运营和质量官胡安·安德烈斯说："我们的主要优势之一是拥有一个平台，可以为每种应用、每种疫苗以及我们的所有知识和经验提供支持，迅速完成代际积累。"该公司 mRNA 平台首席科学官梅利莎·摩尔和她的由一百多名科学家组成的团队在 mRNA 研究方面硕果累累，这样莫德纳公司的临床研究人员就可以研究如何将 mRNA 应用于解决

⊖ 美国的一家生物医疗风投机构。——译者注

多种健康问题。摩尔和她的团队依靠 mRNA 平台解决医疗难题，就像应用程序开发人员利用苹果 iOS 系统和谷歌安卓系统的应用程序编程接口（API）及软件开发工具来创建新应用程序一样。

莫德纳公司建立在我们所称的"人工智能工厂"的基础之上（见第 3 章）。以数据为中心的运营模式在研发流程之外进行扩展，涵盖了公司的各个方面。莫德纳公司的基础是一个集成的数据平台——一个统一的、一致的"记录系统"，其中嵌入了来自各专业领域的数据。该体系结构使数据能够以极高的速度和可靠性进行组合与重组，以支持有无限可能的业务和科学应用。这些应用利用算法来驱动业务的完成，从研发到制造，从财务到供应链管理。

人工智能工厂的基本思路是使公司的数据、分析和人工智能产业化。莫德纳公司的人工智能工厂对于分析的作用就像一百多年前工业化对于制造业的作用一样。公司对数据进行系统化、标准化处理，然后进行分类、集中、清洗、规范和集成，并且公开 API 以供莫德纳公司的相关部门应用于新业务。数据平台是公司的核心部分，由科学家和管理人员组成的团队监督其使用。无论是供应链预测、财务建模、疫苗开发还是扩大生产规模，都需要由数据驱动的软件算法来运作。莫德纳公司的技术能力也影响着其组织架构和流程。实际上，莫德纳公司的首席数字官马切洛·达米亚尼还兼任首席卓越流程官。作为执行团队的成员，达米亚尼的职责是推动整个公司的流程变革。达米亚尼认为，通过调整旧流程来提高效率毫无意义。随着新的数字和人工智能技术的出现，他的团队开始使用各种功能重新设计操作流程，从而提高了速度、效率和创新能力。

莫德纳公司的疫苗能否成功还是未知数。虽然从疫苗研制的前期情况来看还是相当乐观的，但也未必就一定成功。当然，为了全人类的福祉，我们祝愿莫德纳公司和其他公司能够找到治疗方法，顺利研制出疫苗。但有一点可以确定，那就是疫苗的研发和更广泛的医疗保健将以一种全新的方式出现。

与病毒作战

我们已经根据模型推演进行了诸多规划。医疗保健系统的工程师与我们一起合作开发这一模型。我们一直在研究来自中国、韩国和其他国家与地区的数据，尤其是从意大利获得的大量数据。此外，我们一直在将我们在马萨诸塞州总医院及其合作医疗保健机构获得的经验与意大利北部和中部地区的经验进行比较，以尝试预测接下来的疫情走向。

——马萨诸塞州总医院急诊科急救准备副主任保罗·比丁格

2020 年冬初情况开始恶化，在中国以外的许多国家，新型冠状病毒的传播达到临界值。3 月，随着传染病进入"幂律"阶段（每隔几天发病率和死亡率就增加一倍），全美国都感到震惊。2020 年 3 月 14 日至 30 日的两周时间里，美国数智化转型的组织可能比过去十年还要多。支撑美国一多半经济的行业员工开始在家工作。哈佛商学院超过 125 名教师和 250 名员工经过不懈努力，在两周之内就把大约 2000 名 MBA 和博士生的课程搬至线上。我们有些同事还曾以为实现这种教学方式的巨大变革需要数十年时间。

在我们的工作方式发生巨大变化时，感染病毒的人数迅速飙升，ICU 床位和医疗用品的短缺问题非常严重。值得庆幸的是，一些医疗机构已经为应对新型冠状病毒肺炎筹备了数月，并且努力转型以应对这场不可避免的战斗。

马萨诸塞州总医院（也称为麻省总院或 MGH）成立于 210 年前，其宗旨是关爱穷人，时至今日它仍奉行这一宗旨。MGH 传统上善于分析、方法严谨，能够进行系统性创新，形成了极强的患者中心意识，这使得它具有应对危机、进行灾难管理的基本能力。

MGH 比莫德纳公司的历史更为悠久，并且（在许多方面）属于传统组织。它的许多信息技术基础设施都比较落后，受到监管和传统流程的限制。幸好医院的领导者比较开明，面对威胁迅速调整，创建了一种横向的集成信息体系结构，要知道这是最高效的数智公司才具备的。

MGH 从 2020 年 1 月就开始计划如何应对新型冠状病毒肺炎。来自中国、意大利和其他地方的数据使它了解了该疾病的许多特征，并意识到所面临的压力。MGH 的各部门是独立设置的，因此必须采取措施快速建立一个集中的信息处理中心，该中心可以从任何数据源提取数据，检查其有效性并加以处理，以此来预测 MGH 的许多复杂操作系统在处理新型冠状病毒肺炎病例激增时的负载情况。

领导 MGH 的是一个全院范围的跨职能团队，其中包括保罗·比丁格、紧急和重症监护小组成员、MGH 的高级副总裁兼应急预案主席安·普斯蒂皮诺（他也是 MGH 的新型冠状病毒应对指挥官）和李·施瓦姆（他负责 MGH 和其合作组织成员的数智化转型）。

MGH 为应对疫情进行统筹安排，尽力扩容，提高响应能力和敏捷性。这个团队致力于创建和部署一种结构，该结构可以集成和协调整个组织的数据、信息和活动，以应对可能出现的新型冠状病毒肺炎病例激增问题。这种信息架构使 MGH 可以解决规划过程中出现的每个问题，包括 N95 口罩和呼吸机的短缺以及 ICU 容量的不足，从而可以在患者数量达到高峰时根据具体情况启动相应的处理程序。

MGH 危机响应体系结构的核心是其信息系统和数据平台。该系统可以实现数据的统一汇总和累积，并且将有关临床效果、计划系统、财务数据和能力负荷的信息与使用数据和供应链预测进行整合。这使得 MGH 团队能够快速开发和部署每个部门的监测装置，当临床医生需求有变化时可以利用模型为其进行清晰的预测。

MGH 灾难管理组织是一个横向机构，组织整个系统开展工作。在危机处理过程中，它负责对跨部门的数据进行汇总和集成，实现信息共享并采取一些重要措施。该组织充当运营控制塔，统一 MGH 的战略和运营架构，同时推动了许多内部组织的变革。

MGH 抗疫取得多项重大成果，其中一项就是远程医疗技术的应用。远程医疗平台一旦被医院的医疗服务采用，便可迅速发展为大多数科室的主要操作模式。现在，虚拟连接不仅对医疗方与患者之间的互动至关重要，而且对医护人员之间的交流也同样重要，现在医护人员主要使用在线社区进行信息共享、指导、培训和咨询。MGH 急诊科主治医师兼数字健康研究员凯利·维特博德这样说道："原以为在接下来的十年里，我不得不向保险公司和投保人反复解释，说服他们相信医疗服务创新中数字医疗和远程医疗的价值，而新型冠状病毒肺炎在几周内就帮我搞定了。"[3]

效果是显著的。在疫情期间新模式几乎在所有护理领域均发挥了卓越的功能，挽救了无数生命。正如维特博德指出的："在危机模式下，整个机构密切团结合作。"MGH 模式在许多方面为数智化转型奠定了基础，我们将在第 5 章对其加以探讨。其总体表现与我们概述的原理一致，但高效程度超出了我们所有人的预料。

MGH 的危机响应模式表明，如果重点明确、任务清晰，再加上足够的应对能力，即使不具备最先进的技术系统，旧式组织同样可以成功化解危机。架构是核心和关键，它负责协调和整合复杂响应系统中的不同元素，以实现前所未有的敏捷性。重要的是，MGH 对疫情的应对还说明了一个问题，那就是以数据为中心的科学推理对于分析而言至关重要。简而言之，当生命危在旦夕时，绝对不允许出现诸如假消息、编造数据和组织内耗之类的干扰。

这就催生了一种新的以数据为中心、以分析为基础的领导类型，这对于创建以数据和人工智能为核心的组织至关重要，否则任何数智化运营模式都无法正常运行。

MGH 的工作尚未完成。即使新型冠状病毒肺炎的威胁消除，接下来还需要总结从危机中获取的经验教训，继续进行组织转型。MGH 并不是孤军奋战，新型冠状病毒肺炎激励了许多组织从事非凡的事业，进行前所未有的变革，摆脱陈旧的官僚作风。让我们来看看其他一些行业的情况。

快速转型

毫无疑问，我们最终找到了答案来解决困扰我们已久的问题：老公司能否真正实现自我转型？新型冠状病毒肺炎引发的危机已经重塑了各类公司。在卫生保健领域和其他行业，许多看似定型的传统公司已然发现，它们不但能够转型，而且还可以步伐矫健、风驰电掣。下面我们来看几个案例。

保持互联网运转

随着社交距离改变工作性质，安装宽带访问互联网已是人类必不可少的需求。其实电信公司已习惯于提供关键性服务，并且做好了预案应对任何突发情况。但是 Verizon Wireless[⊖]（后文简称 Verizon）的全球首席信息官（CIO）尚卡尔·阿鲁穆加韦鲁不得不承认，即使世界上最大的电信公司，也没有应对像新型冠状病毒肺炎这种危机的现成方案。

首先要确保在访问量激增的情况下互联网具有足够的带宽并能提供连续性服务。同时 Verizon 有 13.5 万名员工，其中的大多数人必须在家工作，并且需要同时访问开展业务必需的工具和流程。此外，该公司的 1 万多名服务技术人员不再进入客户的单位和家里进行安装或维修。因此，该公司需要迅速配置相关软件，使技术人员能够虚拟访问客户，进行远程安装和维修。

对于照常营业的 Verizon 商店，该公司推出了非接触式服务，其中包括客户通过手机 App 预约服务，零售员工和客户可以同时远程浏览产品信息，可以签署数字合同并进行身份验证，还能进行非接触式数字支付，如通过自动售货亭进行现金收缴。

在不计其数的组织中，Verizon 并不以灵活的经营思路而著称，但是疫情使得我们所有人停止犹豫观望，迅速进行变革和创新。现在我们已不能回头，当今世界整个经济

⊖　美国的一家移动运营商。——译者注

领域的领导者和员工都理解并接受这样一个基本事实：技术可以用来转变运营模式。阿鲁穆加韦鲁与我们合作过的许多公司的 CIO 一样，被授权与业务部门合作，以长期贯彻这些理念。

数智化零售体验

如果公司无法重新设计业务来避免近距离接触，那该怎么办？疫情之下，那些只是小部分开展网上业务的零售商别无选择，要么完全接受电子商务，要么关门大吉。许多公司都难以为继，从小型的家庭式经营商到大型连锁店，如彭尼（JCPenney）⊖和尼曼（Neiman Marcus）⊜。对于估值全球第七的零售商宜家来说，这是个亟待解决的棘手难题。在全球范围内，宜家有 433 家巨大的"蓝盒子"商店，其中的绝大多数都要关闭。顷刻之间，只有电子商务可以拯救宜家了。

宜家采取了应对措施，它把"蓝盒子"商店转变为宜家电子商务网站的实体中心。在一周的时间里，在首席数字官芭芭拉·马丁·科波拉的带领下，公司将 13 个不同区域的网站迁至云端并进行集中管理，对所有区域的数据进行整合和集成。三周之内，该公司的采购、定价和分销

⊖ 美国的一家大型服装连锁商店。——译者注
⊜ 美国的一家以经营奢侈品为主的连锁百货商店。——译者注

主管掌握了如何使用技术、数据和人工智能来创造完全数智化的零售体验，这也符合宜家的一贯风格。此次变革意义非凡。疫情暴发之前，宜家的国家/地区经理已经在五十多个电子商务市场中获得授权，每个地区都能决定自己的数智化策略、定价和客户体验。疫情期间，许多已经计划但从未实施的数智化转型工作就不得不尽快实施了。

宜家并没有就此止步。数字团队通过"点击并收集"模型实现了非接触式履约，从而增加了每个客户的订单量。先进的人工智能向网购客户提供建议，增强了商店零售团队对客户的了解。由于宜家向客户进行相关商品推送，客户的购买量开始增加，购物篮里的商品数量呈爆炸式增长。最后，在线商店的收入增长了 3 ～ 5 倍，而利润率则更高。

这些变化证明了重构人工智能运营模式的价值所在，即使实体商店重新开业，这种模式也不会被放弃。公司的数智化和实体经营已不是互不相干的两部分，如今的实体零售团队将数智化运营视为一种补充而非替代。科波拉和她的团队现在正致力于优化供应链和提升运营效率，他们将所有的宜家业务迁移到一个通用数据平台，这样可以产生各种算法来改善客户、员工和供应商的体验。科波拉希望，在提升员工的线上线下决策能力并实现决策过程自动化的同时，公司能继续采用这种以客户为中心的技术。

帮助身处困境的人

在任何情况下，数智化运营模式都能够以几乎为零的边际成本实现高度精确的目标定位。在疫情暴发时，这种精确可以挽救生命。疫情期间有一个最大的问题：由于担心感染病毒，患有其他疾病的人不愿去看病或去急诊室。人工智能可以通过精确的目标定位来解决这一问题，它可以识别病情比较严重的患者并向其本人发送信息，敦促他们联系医生或自行前往急诊室。

药企诺华公司在开发对患者进行远程诊断的复杂预测模型方面已取得一定进展（使用适当且符合要求的去标记化方法），通常可以比传统诊断方式早几年发现问题。奇特拉·纳拉辛哈恰里——这一领域的首席科学家，专注于多发性硬化和强直性脊柱炎（严重的慢性背痛）等疾病的远程诊断，取得了令人瞩目的成果。

诺华数据科学团队致力于将跨供应商、跨职能、跨部门的广泛数据流加以汇集，进行数据的清洗、测试、集成和规范并将其打造为一个平台。与莫德纳公司的人工智能工厂相似，其愿景是让任何需要的人都能够接触并使用相关数据，这些数据还可以被输入强大的预测模型来处理相关业务。

疫情暴发时，由商业加速副总裁巴尔蒂·雷领导的诺华商业数据和分析转型正处于中间阶段，平台仍有待优化。人工智能工厂模式在个别情况下可用，但尚未成为通用的运营模式基础，数据存储也没有完全连接和集成。诺华的每个职能部门都希望利用人工智能神奇的预测能力来应对新型冠状病毒肺炎。诺华的供应链要了解所需货物及目的地，财务部门需要确定所需现金并预测可能产生的利润，研发部门需要预测全新领域药物的功效和安全性，销售部门需要了解快速变化的临床需求和客户要求。最为重要的是，诺华团队要具有识别风险患者的能力。

诺华团队致力于将可扩展的数据平台构建到过载模式中。纳拉辛哈恰里已与部门负责人巴尔蒂·雷联手，建立了集中的人工智能工厂，让一线业务主管用起来能够得心应手，因为他们需要更多的数据和人工智能功能。该公司有主动意识进行自我提升，在平台尚不完善时就已经开始在平台上开发各种模型，用以明确不同地区、不同病种的急症患者和业务需求。有些模型主要用于发掘哪些患者有出现医疗并发症的风险，并且在可能的情况下推荐转诊和治疗方案。例如，这些模型显示，多达 20% 的患者因为不愿进行定期或必要的随诊，很有可能出现严重的并发症，于是该系统就告知诺华的客户团队跟进以提醒医生和医护人员。

新型冠状病毒肺炎有效地推动了诺华的数智化改造进程。诺华美国公司总裁维克多·布托及其团队与由伯特兰·博德森领导的诺华全球数智化办公室联合办公，以新型冠状病毒肺炎疫情为契机，确保此方面的工作得以持续进行。布托组建了一个新的团队——前瞻办公室，负责在疫情转至下一阶段时管理正在进行的转型工作。

经验教训

正如我们在本书中详细论述的那样，新型公司的出现说明人工智能时代已经来临。但是当写本书时，我们还以为人工智能的发展尚需时日，我们还有时间去思考它的意义，还有机会来培养新一代的领导者，这些领导者将会乐于拥抱并主导整个经济领域的数字世界，能充分了解转型所需的能力和道德操守。但新型冠状病毒肺炎的突然暴发打破了这一美好设想。现在，全球所有组织都被迫尽其所能对工作流程进行数智化改造，越快越好。

对抗疫情的经验证明，数智化转型是可以快速实现的——坦率地说，其速度比我们任何人想象的都要快很多。几周之内，全球经济中的大部分组织转向了网络。人员流动性急剧下降，因为所有能用视频会议软件工作的员工都开始保持社交距离；大学转换为在线教学模式；卫生保健系统采用远程诊疗；监管机构和保险公司也迅速更改相关规定和理赔政策；科技公司员工可以在家工作，有些甚至宣布可以一直这样；商业房地产估值暴跌，能源和旅游业股价也一泻千里。线上模式仅仅是个开端，我们已经看到了各种人工智能在快速部署，从 MGH 的聊天机器人到宜家的产品推荐算法，再到诺华预测风险患者的模型。

组织不用变身为硅谷高科技公司，照样可以配置以数据和人工智能为中心的工作模式。甚至在新型冠状病毒肺炎暴发之前，一些组织就已经开始数智化转型，它们对运营模式进行数智化改造来对抗竞争威胁，从康卡斯特（Comcast）⊖到富达投资集团（后文简称"富达"）都是如此。但反对者仍在质疑老公司转型的必要性和可行性。新型冠状病毒肺炎打破了所有这些质疑。

我们还了解到，要想进行有意义的转型，计划和准备的确能够提高行动的质量和效果。从 MGH 到诺华再到莫德纳，这些组织之所以能够在危机中取得成就，是因为它

⊖ 美国的一家有线电视、宽带网络及 IP 电话服务供应商。——译者注

们之前就已经开始践行这种方法并为后来的工作奠定了基础。疫情前哈佛商学院就已经开始进行线上教学，之前获得的经验对于改造整个机构大有帮助。现在的挑战是如何以完备、平衡的方式持续进行这种变革。

这些新发现证实了本书的许多核心内容，其中最关键的是运营架构的重要性。人工智能型公司并不是拥有某个成熟算法就够了，而是需要一整套的结构和流程，能够快速部署多个人工智能解决方案（每种方案都能解决实际业务问题）。莫德纳这种新型公司当然想让数据、分析和人工智能大放异彩。但我们同时也看到，即使是对于MGH、宜家和诺华这样的传统公司，这场危机也加剧了它们对集成数据和组织架构的依赖，以便快速生成精准且具有创新性的分析成果并加以应用。归根结底，架构是实现快速、敏捷、可扩展和快速响应的根本因素，它足以应对新型冠状病毒肺炎这样的指数级威胁，并且无论是挑战还是机遇都能迅速应对。

这些案例还证实，大规模部署的简单人工智能（或称为"弱人工智能"）就可以发挥巨大的作用。人工智能并不需要像科幻小说里描写的那样夸张就足以使工作面貌焕然一新。由正确数据支持的简单算法就能够取得重要的成果。如果能够去除关键的操作瓶颈或进行重要预测，即使简单的聊天机器人和基础的机器学习也能够带来巨大的变化。本书的另一关键主题就是强调弱人工智能在转变经济和改变公司运营方式中的重要性。例如，在应对新型冠状病毒肺炎时，很多医院都利用简单的机器学习算法，在经过正确的数据训练后就可以进行关键性预测，如 MGH 的 N95 口罩供应。这其实就是推动尽可能多的业务流程部署简单的、以人工智能为基础的架构形式。

我们必须了解，转型并非没有代价。新型冠状病毒肺炎扩大和加深了数智化规模、范围和学习对世界经济与社会的影响。最令人担忧的也许是新型冠状病毒肺炎对已经存在的数字鸿沟的影响，无论是企业还是个人之间都存在着这种差异。除了对竞争力、生产率和收入产生影响，数字鸿沟还区分了有工作能力和没工作能力的人、可以在家工作和无法在家工作的人、仍在经营和关门停业的企业。更糟糕的是，这一鸿沟加剧了以往的经济和种族不平等。

疫情在改变整个社会的同时，放大了与数智组织和运营流程相关的所有道德问题——从虚假新闻到偏见，从安全到隐私。这一趋势会加速许多政府和社会机构的瓦解，并且加剧对公民自由的威胁，还会催生更多其他问题。因此，我们所有人都要密切关注各方的不同意见，在地方和全球范围内向大众提供保护和信息告知就显得至关重要。

从数据到智慧

此刻，我们坐在这里敲出前言的最后几句话时，全球的健康、经济和政治领域的一切几乎都充满了不确定性。有些人似乎看到了新型冠状病毒肺炎疫情的缓解，许多国家的经济开始重启，然而，新型冠状病毒肺炎危机仍未解除。随着城市的重新开放，病毒在许多国家和美国各州又以更凶悍的气势卷土重来。就在昨天，美国乃至全球都出现了每日新增病例的新高。虽然波士顿住院治疗人数呈下降趋势，但 MGH 仍在为疫情的再一轮暴发做准备，以有备无患。

疫情的持续让我们意识到另一个不幸的事实：如果没有开明的领导者，再好的数据和分析也无用武之地。可悲的是，在疫情第一阶段获得的宝贵经验仅被全社会的一小部分人接受。例如，现在我们可以确定戴口罩有助于避免感染和出现超级传播事件，然而，即使是这种基本常识，我们的许多领导者也不予认可或采纳，结果导致了不必要的死亡。我们不禁惶恐万分，因为我们看到大量的数据、分析和人工智能并没有产生集体智慧，而那是一种真正能让我们摆脱疫情的智慧。

无论未来如何，经济数智化转型所迈出的步伐都不会后退。人们已普遍意识到数智化的影响，大家互相分享成果，各项工作的展开已势不可挡。无论如何我们都可以确定，转型速度已大大加快，因此时代迫切召唤那些新的业务和技术领导者来推动下一轮经济发展。

我们的领导者需要深谙严谨分析的价值，要对数据平台、网络和人工智能的技术与经济特征有基本的了解并渴望革新，这样才能助力变革。最重要的是，他们需要对数智化规模、范围和学习所涉及的伦理道德有深切的体会，并且能深刻意识到错误转型对经济和社会带来的不利影响。我们真诚地希望本书可以为他们提供战略支持。

马尔科·扬西蒂

卡里姆·拉哈尼

2020 年 7 月

1

人工智能时代

"是伦勃朗的!"

一位衣着整洁、满头白发的老先生连忙举手大声喊道,观众里有几位也随声附和。旁边一位男士似乎疑惑不解,他在澳大利亚经营一家博物馆,专门收藏顶级艺术品,虽一眼便认出这幅画确实是 17 世纪那位荷兰绘画大师的风格,但他不记得伦勃朗有这样一幅作品(见图 1-1)。

接下来播放视频,当讲解员开始介绍这幅作品的来历时,房间里顿时安静下来。[1] 原来,这幅画作的确不是伦勃朗所创,而是荷兰国际集团为了推广业务,委托智威汤逊广告公司和微软公司在 2016 年联手创作的。创作团队先对伦勃朗的 300 幅

图 1-1 《下一个伦勃朗》
资料来源：经荷兰国际集团和智威汤逊广告公司许可复制。

画作进行了 168 263 次扫描，然后在此基础上绘制出这幅肖像，其分辨率超过 1.48 亿像素。该团队由数据科学家、工程师和研究伦勃朗的专家共同组成。他们首先运用学习算法来分析伦勃朗的作品，锁定一些能够体现画家风格的作品特征。例如，新作品的主角是一位高加索男子，年龄为 30～40 岁，面有胡须，头戴礼帽，脖子围着白色衣领，面部微微右倾。他们又运用更多的算法把各种元素整合为一幅完整的作品。接着，一台 3D 打印机依照伦勃朗的绘画风格，把 13 层以涂料为基底的光固化油墨逐层喷在画布上。这样，在伦勃朗去世近 350 年后，人们借助人工智能绘制出了这幅被命名为"下一个伦勃朗"的画作。

人工智能正成为艺术领域的一支生力军，它使不同学科和媒体的跨界合作成为可能，进而不断开拓新的艺术形式。例如，谷歌的艺术与机器智能项目组织了一批艺术家和工程师开展研发，探索如何改变创意实践。[2] 他们正在研究如何把风格转换技术应用到从电影到音乐的各种题材和媒体，就是《下一个伦勃朗》(*The Next Rembrandt*) 创作过程中所使用的技术。

艺术和机械智能及其他类似项目甚至把人工智能引入创作领域，除了直接复制原有风格，还可以进行全新的艺术创作。[3]这一探索不仅是技法变革，更是从构想到创作整个组织过程的变革。艾哈迈德·艾尔伽马是罗格斯大学艺术与人工智能实验室主任，他正在进行一项艺术创作的算法研究。这一名为"艾肯"（AICAN）的算法能够在没有人类协助的情况下，独自创作新颖独特的作品。它先对 14 世纪以来的所有绘画作品进行扫描存储，然后对数量庞大的数据进行"训练"，进而生成完全不同的作品——从现有的艺术风格中汲取灵感，却有着完全不同的表达方式。因此，人工智能算法不仅丰富了艺术家创作和发表作品的方式，还可以对艺术的发展历史进行数字模拟，使人们洞悉艺术发展从具象到抽象的漫长历程。这有助于我们了解某些过程，而这些过程在长达半个多世纪的时间里一直作用于人类集体无意识之中。

其实一切才刚刚拉开帷幕。如果一台计算机在科学家和基础人工智能的合力操控下，可以模拟、整合甚至扩展创作天才的作品，那么我们几乎可以认定，人工智能将会进军人类所有的发展领域。随着网络和人工智能在各学科、各行业的广泛应用，所有企业、所有人都将跨入一个新时代。

在人工智能时代竞争

人工智能是我们的"运行时"，将决定我们所做的一切。

——微软首席执行官萨提亚·纳德拉

人工智能正在成为执行的强大推动力量。数字技术在决定"我们所做的一切"中发挥越来越大的作用，可以完成更多的任务和流程。正因为此，人工智能正在成为新的商业运营基础，也是公司运营模式的核心内容，决定着公司如何运作业务。可以断定，人工智能不仅可以代替人类工作，还将改变传统的企业经营理念。

因此，人工智能的真正作用与其说是模拟人类行为，不如说是改变了组织的性质及影响世界的方式。

本书探讨了人工智能对商业的深远影响，它正在使公司的运作和竞争方式发生根本性改变。当业务由人工智能驱动时，软件指令和算法构成了公司实现价值交付的关键路径。这即是纳德拉所说的"运行时"——由它来决定所有流程的执行环境。在数字操控模式中，操作系统由人类设计，但相关任务由计算机完成，如伦勃朗画作的绘制、亚马逊的动态定价、沃尔玛移动应用程序中的产品推荐、筛选有资质获得蚂蚁集团贷款的客户，所有这些流程都需要人工智能的介入，不仅是设计，还有执行。

让软件决定运营执行的关键路径将产生巨大的溢出效应。数字化人工智能驱动流程比传统流程更具可扩展性。它们很容易与其他数智化业务衔接，从而扩大范围（或多样化），并且为学习和提升创造良好的机会，如进行更准确、更复杂和更成熟的预测，甚至获得基本的理解能力。如此一来，网络和人工智能可重塑公司的运营基础，以实现公司规模、经营范围和学习的数智化，同时，它还能够挣脱数百年来限制和影响公司发展的种种枷锁。

　　我们的技术发展到这个阶段，人工智能虽然尚未成熟，却也实现了Facebook、腾讯等公司的爆炸式增长。要实现我们憧憬的各种革新，并不一定要应用强人工智能，即完全模仿人类行为模式或模拟人类推理过程的智能，我们仅需一个计算机程序来执行传统上由人类完成的任务，即通常所说的弱人工智能。我们不需要完美的人类复制品来对社交网络上的内容进行优先排序，去制作口感一流的卡布奇诺咖啡或分析客户行为、制定最优价格，甚至以伦勃朗的风格作画，技术上尚不完善的弱人工智能就足以改变公司的性质及运作方式。

　　在过去的十年里，基础人工智能的应用呈爆炸式增长。尽管它还处在起步阶段，但给人类社会带来了前所未有的变革。我们进入了一个不同于以往的新时代，网络和算法将成为公司架构的一部分，整个行业的运作模式和经济运行方式也随之改变。无论在传统的还是新兴的企业中，对数字技术的熟练掌握都不再被视为独立的技能，人工智能也不再被认定为专门的工作种类和业务功能。我们所有人都必须了解新的机遇和挑战，因为在这个人工智能时代，许多一直以来被奉为圭臬的有关战略和领导力的理论都将被抛弃。

竞争方式的变革

　　随着人类进入人工智能时代，数智化运营模式将改变企业的竞争方式。以摄影为例，一百多年前，摄影技术的发明对绘画技术产生了破坏性影响，这是因为照片的出现极大地减少了人们对绘画的需求。面对这种威胁，画家们先是不知所措，但最终改变了思路，发明了新的技法和风格。需要说明的是，虽然胶片摄影挑战了旧规则、创造了新商机，但并没有对经济模式造成太大的冲击。胶片摄影与传统绘画之争类似于很多行业都出现过的新旧技术竞争，即原有技术被另一种技术破坏，从计算机行业的硬盘技术到制造业的挖掘机技术，概莫能外。[4]新者超越旧者，对原有从业人员形成挑战，但整个经济体的其他部分仍按原有的轨道发展。

相比之下，我们来看看数码摄影问世时的情形。柯达公司的史蒂文·塞尚 1975 年发明了数码相机，从此照片可以直接作为文件存储，还可以在计算机上显示并美化。早期的数码照片模糊不清且价格昂贵，但随着技术的进步，其清晰度不断提升，价格也越来越低廉。直接后果就是对传统摄影形成威胁，这似乎与之前提到的情况一样：新技术冲击传统从业者，同时开辟了新的商业领域。

技术进步使硬盘的存储容量更大、体积更小，因此大体积硬盘便失去了市场。但是数码摄影的出现并不是这种简单的新旧技术更替，数字呈现完全改变了摄影的性质及相关活动。分享图片的过程瞬间变得简单、随意（受益于数字自动化，这一过程的边际成本基本为零），人们开始拍摄并分享更多的照片。任何事情、活动，哪怕是一顿饭，再琐碎的日常生活都可能被记录并发布在社交媒体上。这种习惯催生了新型公司，Facebook、腾讯、Snapchat⊖、LINE⊜和抖音只是其中的几个，

⊖ 一款图片分享软件。——译者注
⊜ 一款社交软件。——译者注

这些公司都具有可大规模扩展的数智化运营模式，可以帮助用户选择、塑造和共享他们的生活，并且用数字方式呈现周围世界。

　　人工智能技术不断成熟，进一步放大了摄影方式变革所带来的影响。人们每天都拍摄大量照片（现在每年有超过 10 万亿张数码照片，比以往拍摄的传统照片的总和多出五个数量级），形成不断增长的数据集，其中大部分保存在谷歌、Facebook 和微信的云存储上，在云端由算法对这些照片进行分析学习。这些数据库有助于优化人脸识别、照片分类、图像增强等算法。借助已有的数据，再辅以一些适当的数据"训练"，Facebook 和微信之类的社交平台可以自动识别（甚至预测）家人和朋友，还有亲密关系（照片中的几个人是不是家庭成员）和相关人物（这个人是不是同学）。照片应用程序可以随时向用户推送其喜欢的产品、服务甚至新闻，还有一些应用程序推荐好友，将你介绍给某个具有共同关系网或背景的人。

　　数字技术能够冲击传统摄影技术并取而代之，并不仅仅因为它提供的产品价格更低、差异更大或具有更高的品质。数字技术不但创造了服务客户的价值新主张，更催生了一类实力不断增强的新型公司，它们的运营模式和竞争方式都与传统公司不同。如此一来，新技术不但改变了摄影业，还促成了相关行业的变革和整合。当一种活动被数智化后（如将人工作画转变为计算机合成），它就会产生巨大的连锁效应。数字呈现具有无限的可扩展性，人们可以轻松、完美地交流各自的内容，进行复制，然后以几乎为零的边际成本将其分享给世界各地的接收者。此外，数智化活动还能够以零边际成本与其他互补性活动轻松连接，从而极大地扩展了范围。最后，数智化活动还可以嵌入处理指令——一种可以塑造行为、支持各种可能路径和响应的人工智能算法，该逻辑可以在处理数据时进行学习，不断训练和改进嵌入其中的算法。因此，人类活动的数字呈现可以进行学习和自我优化，这对模拟过程而言完全是不可想象的。所有这些因素使公司的运作方式发生彻底、必需的改变。

通常来说，一个组织的运营架构会限制其应用技术的内在可扩展性、范围的增大和学习潜力的发挥。但在过去的十年里，我们看到如雨后春笋般涌现出这样一类公司，其设计和架构就是为了释放网络、数据、算法和人工智能的全部潜力。事实上，一家公司的设计越倾向于优化数智化效果，其规模、范围和蕴含在运营模式中的学习潜力就越大，并且可以创造和获取更多的价值（见图1-2）。数字化、数据分析和人工智能／机

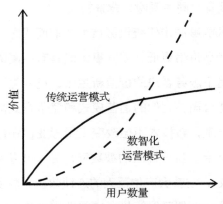

图1-2 传统运营模式和数智化运营模式间的碰撞

器学习水平的不断提升可以极大地提升业务的可扩展性，使价值曲线随用户数量增加或参与度提高而迅速上升。在与传统公司竞争中，数智化运营模式大力碾压了对手。

最早的失败者就是那些无法适应新技术革命的传统参与者。最终，击败柯达的并不是富士或任何一家数码摄影公司，而是后起之秀——智能手机和社交网络公司。Facebook、腾讯和谷歌不再专注于胶片加工、营销等产业层面的业务，而专注于连接用户以及捕获和分析流经其网络的信息。这些公司创造、获取价值的方式都与以往不同，它们凭借与柯达完全不同的运营模式实现对客户的价值交付，从而导致竞争方式的根本变革。这些公司甚至从未将柯达视为竞争对手，相反，它们经营社交网络，以照片分享为业务核心，为争夺用户开展竞争，对胶片公司的冲击只是附带效应。

事情并非到此为止。我们发现，社交网络和移动平台在规模、范围和学习方面达到前所未有的水平，且数智化运营模式可以彻底击败传统竞争对手，但也带来一系列新的挑战。它们肆无忌惮的增长模式及无处不在的影响力在积聚风险，从个人隐私到网络安全，从偏见到虚假新闻，这些都是人工智能驱动型公司产生的新问题。传统的企业领导者面临有限的挑战，是因为企业对周边经济、环境和社会体系的影响相对有限。然而，新型的数智公司在其扩展性、范围和影响力方面没有类似的内在限制，因此我们需要对企业的领导方式、规范甚至行业伦理有新的考量。

Alexa[⊖]是如何改变经济的

相较于其他公司，亚马逊更充分地显示了如何利用数智化运营模式改变传统行业。亚马逊销售实实在在的东西——各种日用品和服务，但它的经营方式却与传统公司截然不同。亚马逊实现了数智化销售，重塑传统公司。它充分利用数字、分析技术和人工智能/机器学习的优势来扩展规模、范围和学习。从书籍到家用电器再到日用品的销售，亚马逊的经营方式都对传统公司形成挑战，并且改变了竞争规则。

在传统公司中，经营规模是一把双刃剑。随着业务的增长，公司能以更低的成本实现更大的价值，但是规模优势往往受制于公司的运营模式。运营模式指公司借其所有资产和工作流程，向客户交付承诺的价值的模式。公司规模越大，运营模式便越复杂，各种问题就会随之而来。想想你在最喜欢的一家零售店购物时，由于顾客太多，结账时排起了长龙；因业务量增大雇用了许多新员工，造成管理混乱；或者因为产量和多样性的提升，造成产品质量下降。在传统公司中，运营的复杂化会增加经营成本、降低服务质量，最终导致公司垮台。虽然在过去的一百年里，许多管理和行政体系——从流水生产线到公司多元组织结构，致力于解决公司结构复杂性产生的各种问题，但收效甚微。

但是，亚马逊数智化的运营模式充分利用了规模、范围及学习的数智化优势。数智化系统更易于扩大规模，同时可以不

⊖ 亚马逊开发的一款语音助手软件。——译者注

受规模和结构复杂性的限制而持续提升。对订单接收系统彻底进行数智化改造后，顾客数量增加或需求种类增加都不会加大订单处理的难度，反而会更轻松容易。随着价值交付的内容和过程的不断数智化，这一优势更加明显，即创建一个更具扩展性的企业，能够以前所未有的规模提供产品和服务，服务质量和精准程度都令人吃惊。

以产品建议为例。传统零售店中通常由店员来介绍产品，但由于人事预算不足，店员人数和培训都受限，因此不能提供充分的服务。顾客要想得到专业的建议就更加困难，如擅长推销鱼竿的店员不擅长推销婴儿服装。但是，亚马逊网站利用算法提供产品建议，就不受这些因素制约。系统会挖掘顾客消费行为的海量信息，还能找到不同消费行为之间的相关性（例如，同一辆购物车中都有哪些商品）。系统会对所有数据进行分析，结合产品规格和顾客特征推荐可能具有吸引力的新产品。该系统会随着顾客消费行为和产品数据的积累进行自我学习和改进，数据越多、规模越大和产品越多样化，效果就越好，同时亚马逊的性能也在不断提升。人工智能引擎，如亚马逊的协同过滤算法，不会产生诸如沟通、协调之类的复杂性成本，系统的扩大也不会影响效率，因此比人工（或组织）学习引擎更具可扩展性。此外，它可以轻松地连接多个应用程序，亚马逊从消费者的书籍偏好中获取的信息可用于对其推销视频、服装或几乎其他任何产品。

亚马逊的关键要素是其日益数智化的运营模式。其经营理念的核心是，通过人工智能、机器学习及先进机器人技术的广泛应用。并且开发尽可能多的技术软件，以数智化方式对卓越的运营理念加以落实。传统的物流过程是由人工操作的，势必会受到人力因素的限制，这与前文提到的店员推荐产品的情况一样。亚马逊则不存在这种问题，因为在工作的许多关键环节，人的作用是次要的。从需求预测到仓库管理，从供应链管理到容量规划，软件和人工智能正在发挥越来越大的作用。亚马逊的确雇用了更多的员工，但他们从事的都是数字网络的周边工作，即计算机还不能处理的任务（如从货架上拣出形状不规则的产品）。这样管理的复杂性就大大降低，数智化扩展的效果得以最大化。很多时候，是由计算机决定人类该做什么的而不是相反，例如，怎样才能高效地在仓库里找到并拣出特定产品。

凡此种种，亚马逊一再与传统的业务环境发生冲突，并且对它们进行数智化、自动化改造，人工智能程度也越来越高。亚马逊的服务质量能够随着业务量的增加而提高，而传统业务却遭遇到复杂性带来的成本难题。随着亚马逊的发展壮大，传统业务彻底遭遇失败，整个行业都发生了变革。

亚马逊的智能音箱 Echo 利用 Alexa（公司人工智能平台的语音接口）把公司战略扩展至新的应用领域。一开始 Echo 只能在亚马逊的音乐服务界面听懂一些简单的命令，如 "Alexa，播放暴力反抗机器（Rage Against The Machine）⊖的音乐"。随着数据数量及多样性的增加，这一技术运用数据进行自我 "训

⊖　乐队名称。——译者注

练"，使其智能化程度迅速提升。随着功能的提升和改进，Echo-Alexa 组合不断地与传统的任务执行方式发生冲突并对其进行改造，从订购维生素片到阅读图书，从订购汽车到控制家电系统。

Alexa 被确定为真正的核心，其潜在的巨大功能让用户几乎可以享受到任何产品和服务。截至 2018 年 9 月，Alexa 拥有五万多种技能（可以根据语音命令执行任务），全部由第三方大型生态系统开发。[5] 随着 Echo 技术的不断进步，亚马逊可以解决更多的问题，满足更多的需求。每次只需要告诉 Alexa 想买什么，它就会列一份购物清单发给你。需要退换货物时，亚马逊的算法便会立刻跟进学习，以提升预测你购物需求的能力。

亚马逊的这种模式正在迅速扩展。该公司引发了模拟和数字模式的冲突，从服装到计算机，从产品到娱乐等行业，并且直接威胁到沃尔玛、康卡斯特这些传统公司。在此过程中，亚马逊已成为典型的行业转型推动者，它在全球范围内改变了人们的购物方式，满足了人们对消费产品和服务的个性化需求。随着亚马逊在多个市场领域（从书籍到百货）达到一定规模，其影响力和市场资本额持续飙升。

由于强劲的发展势头和对行业的巨大影响，亚马逊引起了民众和监管者的持续关注。鉴于其在许多传统市场中的广泛影响，其运营模式不太可能遭到现有反垄断措施的制裁。亚马逊的持续增长取决于领导层的能力——平衡消费者利益与可能造成的工作岗位的减少，同时，亚马逊的竞争对手们也在寻求发展。

成为高度数智化的公司

零售业最能感受到亚马逊的冲击。[6]亚马逊的方便、低价、个性化服务及产品推荐功能和软件控制的物流基础设施都给传统公司带来巨大挑战。2017 年 20 多家历史悠久的零售公司申请破产，甚至在 2018 年，已有 125 年历史的西尔斯也进入了该名单。[7]沃尔玛（按收入计算是全球最大的零售商）正在竭尽全力避免破产的命运。

沃尔玛于 1962 年由山姆·沃尔顿创立，它并不拒绝对新技术的利用。几十年来，凭借其不断发展的 Retail Link 系统以及对 EDI（电子数据交换）和 RFID（射频识别）技术的早期研发，沃尔玛为零售供应链和网络基础架构确立了标准。[8]数据丰富的供应链一直是沃尔玛运营模式的重要组成部分，也是其实现巨大规模的关键因素。但即使最成功的传统运营模式，如果不进行巨大的调整，也无法应对亚马逊的猛烈冲击。

为了能在与亚马逊的竞争中获胜，沃尔玛正在以数字和人工智能为基础重构运营模式。以往自成体系的企业软件将被集成云架构取代，沃尔玛独有的数据资产可以更多地应用于功能强大的新程序中。反过来，分析技术和人工智能可以使越来越多的运营任务提升效率或实现自动化，以此消除增长和转型的瓶颈。

沃尔玛还在其运营结构之外寻求帮助。它收购了几个数智公司，包括 Jet.com[⊖]和 Bonobos[⊜]。2018 年 7 月，沃尔玛宣布与微软合作，以推动其数智化转型及按需访问云功能、使用云技术和人工智能。

沃尔玛的线上零售额迅速增长，2018 年同比增长了将近 50%，在与亚马逊的竞争中占据上风。要想保持这一优势，沃尔玛需要利用数据、分析和人工智能提升顾客的进店体验。实体店并不会完全消失，但是要做到让顾客满意，同时还能弥补线上购物的不足才可以。沃尔玛深谙此理，于 2018 年在纽约的莱维敦启动了智能零售实验室项目。

具有讽刺意义的是，很多用于提升进店体验的措施都需要利用数字技术，而这些数字技术通常又被用于线上购物。与网购相比，实体零售可谓遭遇了严冬。想想看，顾客为了找到某件心仪的物品在店里东瞅西逛，不仅浪费了大量的时间，还不确定商品的价格是不是最优惠的。因为没有专业性推荐，还不能货比三家，因此无法做出最佳选择。

电子商务已悄然改变了消费者的购物期待，传统零售商被迫进行自我提升，以期在购物便捷性和个性化方面与线上零售商旗鼓相当，这也是千载难逢的机遇。

先进的分析技术和人工智能使沃尔玛能够把线上购物体验复制到实体店。通过安装摄像头和传感器，利用计算机视觉图像的分层计算方法和深度学习软件，店内购物体验能够做到与线上购物相媲美。就像在线零售商可以追踪顾客浏览的页面和

　⊖　电子商务公司。——译者注
　⊜　线上男装零售商。——译者注

点击的区域一样，沃尔玛正在尝试捕捉顾客在店内的活动轨迹和参与模式。此数据可加以汇总以创建顾客行为模式热图并显示重要信息，如显示顾客聚集区域或客流较少区域。这些信息可以帮助改善店里的货品供应、摆放位置及店面布局，甚至是供应链和采购决策。

沃尔玛和其他零售商还在研究利用从顾客个人终端获取的实时信息（如位置信息），再结合顾客以往的线上购物行为，对顾客进行识别，进而为其提供个性化购物体验。设想一下，一位销售代表掌握了你之前的购物偏好，就能投你所好进行产品推荐或进行更有效的沟通。但是，这一设想操作起来并非那么简单。顾客真的希望销售代表像亚马逊推荐算法那样掌握他们的大量信息吗？如何能够在个性化和隐私保护之间权衡取舍？销售代表会认真把控这一过程吗？是否顾客更愿意在手机上收到推荐信息？

我们已经看到，顾客的进店体验正在发生非比寻常的变化。例如，亚马逊 Go 商店没有收银员，也没人排队结账。顾客只需要在入口处打开亚马逊 App，商店就可以利用技术手段追踪他的活动路线和购物行为，顾客在购物离开后便会收到发票邮件。我们曾试图干扰这一系统，三个人同时进入店内，先是把货架上的商品随处乱放，然后买了一些商品，并在不同的时间离开。但这一捣乱行为并没有让亚马逊的系统判断失灵。我们随即就收到了所有物品的发票，一个不差。

不需要雇用店员并对其进行培训、管理，还拥有成熟的数智化供应链，这样一来发展更多的连锁店还有什么瓶颈呢？零售商只用选定一处店面，并安装好所需的软硬件。渗入多个操作环节的管理成本实际上是不存在的。在中国，京东已经在利用尚不完善的数智化运营模式迅速发展便利店，每周高达几千个。[9] 沃尔玛应该注意了。

微信，谢谢你……

在马来西亚吉隆坡的阿罗美食街，陆晓雪专门通过为中国游客唱歌来挣钱。卡里姆·拉哈尼通过扫描陆晓雪的二维码给钱，她道了谢。

可以看到，街头乞丐和路边艺人都已开始利用数字技术。扫一下微信（或支付宝），再点几下，吉隆坡（几乎亚洲的任何城市）的路人立即就可以通过数智化手段安全地转账给任何人。西方游客通常会吃惊地发现，他们携带的现金几乎没有地方可用，因为移动支付终端现在已成为商店、餐馆甚至乞丐的首选付款方式。这推动了一波新的技术浪潮，即利用结果数据、分析技术和人工智能来开发新的应用程序。吉隆坡国油双峰塔内豪华购物中心的 7-11 门店甚至要求顾客使用微信支付而不是信用卡。数字技术已摆脱了硅谷的清冷气质，正在与各行各业和各种应用发生碰撞并对其进行重塑。

这种碰撞产生了微信的始创者——中国的腾讯公司。腾讯1998 年成立于深圳，初期主要向中国用户提供基于计算机的互联网即时消息服务。或许有人还记得 ICQ——一种在网络商业化早期提供信息服务的系统，其用户可以与全世界的朋友和同事在线聊天。后来他们发现中国的大部分互联网用户使用咖啡馆或单位的公用计算机，腾讯随即调整 ICQ 的功能并将用户数据和聊天记录集中于腾讯服务器，这样用户就可以在不同的计算机登录。腾讯把这一服务称为"开放式 ICQ"，并于 1999 年 2 月投入使用。该服务用户量增长迅速，很快成为中国最大的实时消息服务和社交网络。

初具规模之后，腾讯通过广告和高级产品（如特殊图标）将其消息传递网络货币化。它建立了用户与各种补充产品和服务（如头像、游戏和虚拟商品）的链接，不断扩大应用程序的范围。腾讯在 2011 年推出了微信，这是一个基于腾讯网络的移动通信应用程序。除了可以在移动终端使用，微信还为其用户开发了一系列新功能，包括发送语音消息、共享视频与图片、GPS 定位以及收付款。

微信被打造成一个开放平台，为软件开发人员提供了易于访问的应用程序接口。这些接口可以插入各种外部服务和活动，从支付水电费到预约看病。腾讯正是以这种方式拓展新业务的。

随着腾讯对全球市场的开拓，其数智化运营模式也使其规模和范围得到巨大提升。它的运营核心是一个数据平台，分析技术和人工智能可以由此获得有关社交互动、消费模式、搜索趋势的相关数据。腾讯通过机器学习算法对数据进行分析，依据结果实现各种服务的自动化。

短短几年时间内，这些公司的客户数量达到美国和欧洲最大银行的十倍之多。随着提供种类更多且不断改进的产品，它们从网络及其数据中获取的价值也不断增长。与亚马逊一样，它们也开始被民众和监管机构密切关注。

今天，腾讯是世界上最有价值的公司之一，是全球经济的一个核心部分，开始与许多行业（还有监管机构）发生碰撞。银行和监管部门都需要警惕，亚马逊是否也应该警惕了？其影响都已波及街头艺人了。

对新时代的理解和接受

当数字版的伦勃朗仿作面世时，整个艺术界都震惊了。一些专家对这项技术的强大功能和潜力颇感兴趣，称这种努力是"壮观"和"惊人"的。其他人则认为这是糟糕的，甚至是不道德的。《卫报》的艺术评论家乔纳森·琼斯表达了对该行为最激烈的反对，称其为"可怕、无趣、麻木、毫无灵魂的拙劣模仿"[10]。

不过说实话，当我们目睹人工智能程序替代传统人类行为——那些我们熟知和珍视的活动，我们也会有与琼斯类似的反应。还记得当你第一次发现自己信以为真的网上新闻竟然是假的时的震惊程度吗？数字网络和人工智能挑战了人们一直具有的某些观念，诸如对工作、公司和机构的认识，或者认为在特定行业独特的核心竞争力和许多传统能力很重要。人工智能会淘汰一些技术和人才，从汽车驾驶到传统零售店的经营。数字网络会改变大家普遍接受的社交和政治互动模式，从约会到投票。仅在美国，人工智能的广泛使用就足以影响几百万人的就业岗位。除了削弱个人能力、冲击传统技能及其他直接的经济、社会影响，经济和日常生活的数智化还会使我们脆弱不堪。毫不奇怪，网络安全已成为各类组织诸如索尼影业的头号大患。

我们不能逃避数字世界和模拟世界正逐步融合这一现实。我们面对的不再是某种新技术、某种特殊类型的公司，或者一种"新型"的经济。所有这些都被包含在一个整体之中——完整的经济体系，包括所有行业、细分市场和所有国家，并涵盖制造业、服务业和软件产品。我们已经跨入一个新时代，它将决定经济体系中的所有机构（实际上是每个员工）应该如何创造、获取和交付价值。无论我们是否愿意，数字网络和人工智能都不仅改变了商业模式，还改变了整个社会。

本书的目的

数智化运营模式的出现使新老公司的领导者面临新的任务。在一切皆有可能的时代，我们需要更好地理解如何管理、转型、发展和掌控我们的业务，而这正是我们希望本书能为你做的。

如果你负责一家数智公司，那么你不仅需要充分了解其潜力，还要知悉会有哪些机遇和挑战；如果是一家传统公司，你需要了解如何利用已有优势改变运营能力来支撑新的发展战略。

除了众所周知的失败案例，如百视达（Blockbuster）[⊖]

⊖ 美国的一家碟片租赁公司。——译者注

和诺基亚，我们还将认识其他几家公司。这几家公司通过构建新的运营环境、引进人工智能、改变运营方式而找到新的机遇和增长点。从万事达（Mastercard）到富达[⊖]，从沃尔玛到罗氏（Roche）[⊜]，这几家公司带头进行积极探索。正如富达的维品·玛雅所说的，"人工智能只会让我们变得更好"[11]。

人工智能为全社会提供了新的发展机遇，包括创业公司、老牌公司、企业家和新业务开拓者，还有新的经济、社会和政治机构，甚至还有艺术家。创业公司可以利用本书描述的框架来确定新流程，通过分析技术和人工智能实现一系列工作的数智化，从撰写电子邮件到读懂 X 光片。新的数字原生代公司正在努力解决规模和范围的无限性带来的问题，而经验丰富的老牌公司可以设计更易管理的新模式以实现持续增长并进行经营转型。以人工智能为中心的经营理念不仅促进新公司的创建，还激励着老牌公司吸收新型运营模式的精华，感受新型数字引擎带来的飞速发展，使其得以重新引领行业而无须丢弃传统的制动系统（braking system）。依靠传统经验，加之新理念激发的新动力，一些公司对新旧模式的优势兼收并蓄，一路领先。

本书的目标是为新旧企业及监管部门的领导者构建一整套框架，帮助他们了解人工智能时代以及如何在这个时代进行竞争和运营。

⊖ 美国的一家资产管理公司。——译者注
⊜ 一家总部位于瑞士的制药公司。——译者注

研究历程

在过去的十年中，我们两位作者主持了哈佛商学院的一系列研究项目，以了解数智化转型、网络以及人工智能对公司的影响。我们的研究围绕数百家公司展开，不仅行业分布广（从金融服务业到农业），而且地域跨度大（从旧金山到纽约，从班加罗尔到深圳）。我们通常与 Keystone Strategy 战略咨询公司的朋友合作，以老师、顾问、监管事务专家、董事会成员和直接参与者的身份参与了数百项战略规划和转型工作。[12] 我们合作的公司类型多样，从小型创业公司到大型跨国公司，从互联网先行者如亚马逊、微软、Mozilla⊖、Facebook 到传统公司或机构，如迪士尼、Verizon⊜和 NASA（美国国家航空航天局）。我们有幸与哈佛商学院全球高管培训项目的成员进行交流互动，也全程参与了 MBA 的课程，收获颇丰。

本书的写作过程是对我们所获知识的沉淀和升华，其对公司和企业家而言具有参考价值和启发意义。

本书阐述的理论可用以解决当前的新问题。颠覆理论定义了传统公司在 20 世纪 90 年代和 21 世纪头 10 年面对技术变革浪潮时所面临的生存威胁。我们的研究描述了一种新的现象：新型公司以数智化规模、范围和学习为特征，正逐步消解传统的管理方法及束缚，并且与传统公司和机构发生冲突，从而改变我们的经济。软件、分析和人工智能是重塑公司运营基础的

⊖ 一个自由软件社区。——译者注
⊜ 美国的一家电信公司。——译者注

基本要素。

　　但是我们认为这种变革不仅是技术层面的，更是基于一种对公司转型的需求。正如我们将在后面的章节中探讨的那样，要应对这种威胁，公司不仅仅要开展线上业务、在硅谷设立实验室，或者新开辟一个数字业务部门，因为这种挑战层次更深、范围更广，需要重新进行公司架构以改变获取和使用数据的方式，通过分析获取的信息来进行运营决策并加以执行。

　　我们的研究建立在前人的研究基础上。卡丽斯·鲍德温和金·克拉克分析了信息技术对行业性质的影响[13]，哈尔·瓦里安和卡尔·夏皮罗首次研究了由信息产业性质引发的经济学理论革新[14]。我们与其他很多学者（让·蒂罗尔、迈克尔·库苏马诺、安娜贝尔·高维尔、杰夫·帕克、马歇尔·范·阿尔斯泰恩、大卫·约菲、朱峰、马克·赖斯曼、安德烈·哈久、凯文·布德罗、埃里克·冯·希佩尔、肖恩·格林斯坦等）一样，描述了数字生态系统、平台及社群对于公司战略和商业模式起到的越来越重要的作用[15]。最近，还有一些研究人员（包括埃里克·布林乔夫森、安德鲁·迈克菲、李开复、曾鸣、佩德罗·多明戈斯、阿杰·阿格劳瓦尔、约书亚·甘斯和阿维·戈德法布）指出，计算机的核心作用越来越显著，正在改变工作的性质[16]。本书对以上理论进行了拓展融合，分析了这些理论如何才能与软件、分析和人工智能对网络及组织所产生的作用相结合。一个多世纪以来，我们破天荒地第一次发现一种新型公司的诞生竟然可以划定一个新的经济时代。鉴于此，本书试图描述人工智能新时代对战略和领导力的影响，读者可以是经营者、企业家或社会的任何一员。

全书共分十章。第 2 章 "对公司的再思考" 研究了由数字网络和人工智能驱动的新型公司的概念内涵。然后探讨了三家数字独角兽（行业术语，指市值达到 10 亿美元的科技创业公司）的性质，分别是蚂蚁集团、奥卡多（Ocado）和佩洛顿（Peloton）。本章将介绍每家公司的商业和运营模式、强大的数字组件以及如何扩大数智化规模、范围和提升学习能力。

第 3 章 "人工智能工厂" 以网飞为例明确了新型公司的核心内涵，即创建可扩展的 "决策工厂"，系统地实现数据和人工智能驱动的自动化，进行数据分析并找到内在关联。本章探讨了三个关键因素：用于预测和决策的人工智能算法、算法的数据管道，以及作为动力来源的软件、连接性和基础架构。

第 4 章 "公司的重构" 解释了为什么人工智能型公司需要新的运营架构。我们以亚马逊为例，把两种类型的公司架构进行对比研究。有数百年历史的传统公司是孤立的架构模式，而现代公司则是以数据为中心、基于平台的集成性架构。在本章中我们还分析了新型运营模式如何消除公司在规模、发展和学习方面的制约因素。

第 5 章 "如何成为人工智能公司" 探讨了采用数智化运营模式的转型之路，主要围绕微软是如何转变为云服务和人工智能公司的而展开。我们对 350 多家公司开展研究并形成报告，在报告中先简要陈述了研究成果（包括建立人工智能成熟度指数），进而对那些最先进的公司进行分析，了解它们是如何实现快速发展并获得良好的财务业绩的。本章还提供了一些公司的人工智能实施方案，都是最受欢迎、最具影响力的公司。最后部分是富达的人工智能转型。

第 6 章 "新时代战略" 研究了数字网络和人工智能的战略意义。本章主要讨论战略网络分析中的关键要素，这套系统的方法可用来分析数字网络和人工智能重塑经济过程中潜在的商业机会。本章首先进行案例分析，然后探讨优步的战略选择及其优劣势。

第 7 章 "战略碰撞" 考察动态竞争，是前一章内容的延续。本章重点考察采用数智化运营模式的公司与众多传统公司的竞争结果。所举案例涉及曾经的竞争阵地（智能手机）及当前的主战场（家庭共享技术和自动化）。结尾部分讨论了数智公司产生的更广泛影响。

第 8 章 "数智化规模、范围和学习的道德规范" 探讨了数字网络与人工智能的结合所带来的一系列伦理新挑战。我们考察了几个关键问题，包括数字放大、算法偏差、网络安全以及平台管控和公平原则，勾画出了企业领导者和监管者面临的新职责及新挑战。

第 9 章 "新纪元" 解释了本书对于新旧公司的领导者、政府及整个社会的启发意义。本章明确了新时代需要遵守的行为规范，这些规范决定时代内涵、塑造关键领域及改变人类的共同未来。

第 10 章 "领导力再造" 是整本书内容的概括总结，重点分析人工智能对企业领导力的挑战。本章首先分析了公司管理者和企业家在公司转型时会遇到哪些机遇，然后探讨了传统公司和数智公司的领导者、监管者及全社会该如何行动，最后总结了公司数智化转型的重大意义及建设我们共同未来的行动纲领。

人工智能之旅

我们确信，对于任何一家公司而言，只要进行科学筹划，人工智能转型都将是机遇而不是灾难。虽然数智化创业公司具有天然优势，但一些传统公司也在积极调整，迸发出勃勃生机。本书的目的是让读者对必然出现的冲击有所准备，这样他们就能面对危机从容不迫，发现机遇并充分加以利用。

我们希望本书能够提供有用的视角以重新审视公司性质，包括公司架构、必备能力及所处的竞争环境。本书可以作为传统公司转型的指导，也可以帮助新型公司发现新机遇、解决新问题。如果我们积极有为，主动研究如何才能规划新战略和提升管理能力，如果我们坦然面对转型过程中必然遭遇的文化及领导力变迁，那么无论是对新公司还是旧公司而言，新时代都意味着持续的发展和机遇。面对这种无处不在的新趋势，我们只有理解它、顺应它，更重要的是塑造它，才能在经营企业的过程中游刃有余。

在接下来的一章中，我们首先解释人工智能如何改变公司的价值创造、获取及交付方式。

第 **2.** 章

对公司的再思考

本章探究三家数智公司，它们分别是蚂蚁集团、奥卡多（食品配送）和佩洛顿（健身）。它们都采用新型商业模式，即以软件、数据和人工智能为主要运营基础，每一家都处于传统行业，它们新的商业模式对其他公司形成了冲击，影响着这些公司的运营模式并改变了经济环境。本章结尾部分聚焦谷歌，谷歌更是一家彻头彻尾的人工智能公司（具有人工智能"基因"），其业务和运营核心都是由人工智能驱动的。

这些公司有新的价值创造、获取和交付方式。为了便于理解它们的创新之路，我们首先要把公司的商业模式和运营模式分开考察，了解传统公司如何确立和执行价值主张，然后再分析这三家公司是如何独辟蹊径的。

公司的价值和本质

传统公司的性质和目的早有定论。经济学家如罗纳德·科斯和奥利弗·威廉姆森认为，公司成立的初衷是为了完成市场个体劳动者不可能完成的任务。我们需要公司，因为它可以组织个体参与联合生产，如果仅通过市场协调会耗费高昂的交易成本。公司与劳动者签订长期合同来协调任务，双方不需要频繁地讨价还价，这可以减少摩擦进而降低生产产品和提供服务所需的交易成本。这些"合同捆绑"的价值自然取决于公司确定的任务范围——公司承诺的业务以及完成的方式。

公司的价值由两个因素决定：第一个因素是公司的商业模式，即公司承诺的价值创造和获取方式；第二个因素是公司的运营模式，即公司如何向客户实现价值交付。

商业模式包括公司战略，即如何通过提供货币化的独特产品和服务使自己在众多竞争者中脱颖而出。运营模式包括将产品和服务提供给客户的体系、过程和能力。商业模式属于理论层面，而运营模式则属于操作层面——每天公司的人员和资源将如何发挥效用。商业模式决定了公司的潜力，即公司所"能"交付的价值，而运营模式决定了价值实现及内在局限性。

商业模式

公司的商业模式就是公司如何基于客户需求创造和获取

价值，因此精准性很重要。这包括两个要素：首先公司必须创造符合客户需求的价值，这样客户就愿意消费公司的产品或服务；其次，公司必须有盈利模式。

价值创造就是客户选择某公司的产品或服务的理由，或者说公司能为客户解决什么问题，这也被称为价值主张或客户承诺。以汽车为例，汽车公司的价值创造始于顾客的出行需求，有了汽车就可以外出活动。除此之外，汽车公司还创造其他价值，如质量（汽车的可靠性和安全性）、风格（汽车外观）、舒适性（内饰豪华程度）、驾驶体验（平稳、强劲的发动机和传动装置）、费用（价格高低）及品牌（代表用户形象）。可以对比一下起亚和法拉利在价值创造方面的差异。

当然，价值创造的影响因素并不是一成不变的。现在，很多人买车时会重点考虑汽车的成套技术和是否配置手机接口。

需要注意的是，人们在购车时和打车时考虑的因素截然不同。你会因为在优步上约到的车是丰田而不是你喜欢的凯迪拉克惯而取消订单吗？网约车的价值创造取决于司机是否及时到达、公司对司机的资格审核、顾客对司机的评分、App 是否好用以及打车费用等。

因此，虽然丰田和优步提供的都是移动性，但它们的价值创造方式截然不同。前者是让你买车，而后者是把你送到你想去的地方。因此，公司在考虑价值创造时，需要有意识地精确把握顾客需求和市场定位。以网约车公司为例，价值创造还有赖于司机和乘客形成的生态系统。司机的数量越多，就能为乘客创造越多的价值。因为司机是由乘客付费的独立签约者，下单的乘客越多，司机获得的价值也就越大。

价值获取则是另一回事。当然，公司从客户那里获取的价值要低于它为客户创造的价值。还以汽车公司为例，汽车公司能够获取价值主要是因为汽车的销售价格（P）高于生产成本（C）。$P > C$，二者的差额就是汽车公司的利润。汽车公司还可以通过租赁业务获取附加价值，另外，汽车公司还可以拿到比消费者更低的利率，从而在资本市场中通过套利来赚钱，以及通过出售配件来增加利润。

网约车公司的价值获取又是另一种方式。它以消费为基础，按使用收费。它不用预先投资，价值获取是凭借顾客一次次地使用网约车实现的，70% ～ 80% 的打车费归司机所有，剩下的归网约车公司。价格差仍然很重要，打车的价格要高于实际成本（Lyft 和优步在其 2019 年首次公开募股中似乎都忽略了这一点）。

新型的数智公司是商业模式的革新者，在价值创造和获取的各个方面进行尝试与整合。传统公司的价值创造和获取方式比较直接，并且二者密不可分——通过定价机制从客户那里获得。在数智化商业模式里，价值创造和获取过程可以分开，并且经常通过不同的渠道，因此公司就有了更多选择。例如，谷歌向用户提供的服务大多是免费的，其价值获取方式是各类付费广告。对于数智公司而言，商业模式变革的背后是运营模式的变革。

运营模式

没有持续运营模式支撑的战略毫无发展前景可言。

——某个著名的意大利谚语

运营模式向客户交付承诺的价值。商业模式为价值创造及获取设定目标，而运营模式就是实施计划。由此可见，运营模式是形成公司价值的关键。线上零售商承诺立刻配送，为了实现这一目标，它就需要建立响应迅速的供应链。运营模式的设计和执行是问题的关键。

运营模式的构成非常复杂，它包括成千上万人的活动、复杂的技术、重要的资本投入及数百万行的代码，所有这些构成了实现公司目标的运营系统和流程。但是，运营模式的总体目标相对简单。运营模式的最终目标是使交付价值实现规模化，能够覆盖足够大的范围并通过充分的学习来应对变化。伟大的商业史学家阿尔弗雷德·钱德勒认为，公司高管面临的两项主要挑战分别是推动规模经济和范围经济以谋求生存与发展。[1]随后的经济和管理工作经验表明，还有第三项重要的挑战——学习，即能够进行改进和创新的运营能力。[2]首先让我们回顾一下这三项挑战的基本内容。

规模：简而言之，规模管理就是要设计一种运营模式，能够以最低的成本为尽可能多的客户提供最大价值。扩大规模的典型案例就是有效提高产量或增加客户数量，如汽车生产或快餐行业。还有一些案例涉及一些交付过程更为复杂的产品，如公司合并或修建机场。福特和高盛可以证明，公司的组织结构可以比个体劳动者制造、销售或提供更多（或更复杂）的商品和服务，且效率更高。显而易见，个人不能高效地批量生产整车，也不能起草完成复杂的公司合并所需的所有文件。

范围：范围指的是公司从事的生产经营范围，例如，为客户提供的产品和服务的种类。有些资产和功能可以帮助组织在各种业务中实现经济发展。如果公司拥有集中的研发组织，那么它就具有跨产品线优势。打造一个良好的品牌就可以为该品牌旗下的不同产品带来收益，而集中式仓库也可以让公司的多条生产线共同提高效率。

范围经济很重要，因为这意味着公司要建立多条业务线、同时管理多个部门或创建一个真正的集团。依托范围经济，公司可以高效、持续地产出和交付各种商品与服务。例如，西尔斯的导购运营系统是为了高效交付各类商品。医院急诊室的设计就是要发挥各科医生的集中优势，它能够比单科医生更高效地处理各种紧急情况。

学习：运营模式的学习功能可以推动公司持续改进，不断提高运营绩效以及开发新的产品和服务。从贝尔实验室巨大的研发影响到丰田汽车生产的不断改进，现代企业一直通过创新和学习来保持生存与竞争能力。近年来，企业不断聚焦学习和创新能力以应对威胁、把握机遇。

当公司寻找实现价值交付的途径，并且优化规模、范围和学习时，它们的运营模式应该与商业模式设定的方向相匹配。

研究运营策略的学者多年来一直认为，公司业绩的最优化有赖于策略和运营方式的对标。换而言之，就是商业模式和运营模式的一致性。[3] 毫不奇怪，公司的资源配置应有助于实现最佳目标。图 2-1 展示了商业模式与运营模式的对标。

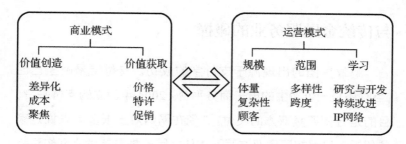

图 2-1 公司商业模式与运营模式的对标

从福特到西尔斯，从美国银行到美国电话电报公司和通用电气，一直以来，那些对标商业模式来设计运营模式的公司在规模、范围和学习方面都有极佳的业绩表现。最终，公司在规模、范围和学习方面的发展程度会决定其价值高低。

同时，规模、范围和学习这三个维度中任何一个维度的扩展都会提升运营模式的复杂性，从而增加管理难度，关键是这会限制公司的价值创造和获取。数智公司就不存在这种制约，它完全是一种新的运营模式。由于改变了价值交付的关键路径，因此与传统公司相比，新型数智公司的扩展性更强、范围更广、学习和调整速度更快。

数字技术以软件和数据驱动算法为载体，可以解决运营活动中的劳动力瓶颈问题，其影响还不仅仅限于对劳动力的冲击。下面我们分析一下三家公司是如何通过转变运营模式来推动商业模式革新，从而解除传统运营模式遭受的种种束缚的。

与传统金融服务业的碰撞

蚂蚁集团的出现源于支付宝的成功，支付宝是阿里巴巴（当时还是一个新生的电子商务平台）2004 年创立的支付平台，目的是方便买卖双方的支付。[4] 现在网购对于很多人来说是家常便饭，但起初买卖双方互不信任，因此需要支付宝来构建新型的信任关系。

互联网贸易兴起之初，许多公司都在努力解决买卖双方的互信问题。对于以点对点市场起家的阿里巴巴来说，挑战尤为严峻：买家如何才能放心商品质量？卖家如何确保买家能及时付款？其解决方案是依靠托管系统，由第三方保留货款直到完成合同协议。因此，阿里巴巴发明了支付宝，对自己电子商务平台上买卖双方的资金进行托管。用户将支付宝与银行账户绑定，由支付宝充当中间方接受买家付款并持有，直到买家确认收货，才把货款转给卖家。该系统有助于增加消费者对在线购物的信任程度，促进了阿里巴巴的早期发展。

这就是蚂蚁集团和支付宝的初始商业模式。价值创造有赖于建立一种新型信任关系，即基于托管的金融支付服务，该服务促进了买卖双方的交易。蚂蚁集团必须为两类客户创造价值——商家和消费者。支付宝通过向商家收取 0.6% 的交易费来获取价值，消费者则可以免费使用。

支付宝的发展取决于交易量的增加，除了要增加买卖双方的交易量，还需要增加用户数量。换而言之，支付宝既需要增加"集约边际"（一位用户的交易量），又需要通过增加平台上的买卖双方客户数量来提升"广延边际"（扩展边际）。

这正是价值创造的第二个要素。当集约边际增加时，支付宝对于所有用户的价值也在增加。商家数量增加会带动买家数量增加，反过来，更多的买家又会吸引更多的商家。这样就形成了一个正反馈回路，从而增加了规模收益。这种网络效应放大了信任所创造的价值。

在短短的时间内，支付宝的使用就不仅限于阿里巴巴的电子商务平台了，它开始被所有的个体和商家接受，这带来了支付宝用户数量的指数式增长。

2011 年，随着中国智能手机用户数量的急剧增长，支付宝用户也可以在其他购物场景使用支付宝 App。为了提升交易的便捷性，阿里巴巴开发了支付二维码。这只是对现有技术的整合，并不需要额外增加硬件。商家需要开设一个支付宝账户，然后把二维码打印出来放在店里显眼的位置。顾客打开支付宝扫码即可完成支付，顾客也可以生成自己的二维码让商家扫描。同样，支付宝从交易中收取 0.6% 的佣金。支付宝用户可以使用该 App 购买咖啡、打车、缴水电费、预约看病、与朋友分摊餐费，甚至还可以向街头艺人捐钱，只要卖方或其他任何第三方有支付宝账户即可。

发展和扩大

支付宝是蚂蚁集团投资组合中的第一款产品，这个新公司的名称是有所指的，"蚂蚁"指作为公司目标客户的"小企业"。阿里巴巴获取蚂蚁集团 37.5% 的税前利润。

蚂蚁集团针对中国的巨大市场开发了一系列金融服务。蚂蚁集团的金融生态系统又催生了余额宝，这是一个在线投资平台，支付宝用户可以把钱存入这个账户获取利息。

蚂蚁集团迅速扩展其金融产品，除了余额宝还增加了以下服务：蚂蚁财富，一站式个人投资和财富管理平台；芝麻信用，一种商业信用科技系统；网商银行，互联网银行服务商；还有保险平台及其他各种产品。蚂蚁集团还推出了数个小程序，这些小程序都可以使用支付宝进行结算，包括教育、医疗、交通、社交、游戏、餐饮预订和送餐等。

一种新的运营模式

支付宝快速发展的商业模式是建立在一种新型的数智化运营模式之上的。它的运营基础是数字自动化的人工智能。例如，网商银行的突出特点是处理贷款的"310 模式"：客户花三分钟时间申请贷款，审批只要一秒钟，人工介入时间为零。贷款审批和发放流程只依靠信用评分，完全由数字和人工智能驱动，对每笔贷款申请都有 3000 种风控策略进行管理。

该运营模式的核心是一个复杂的集成数据平台。人工智能利用数据来开发各种功能，包括服务个性化、收益优化和提供建议，还可以利用先进的分析技术获知新产品和服务可能创造的价值。

支付宝利用数据和人工智能来保证交易的安全性。当用户发起一笔交易，他的信息要经过五层即时数字检测以确保交易及交易人合法。如果该交易可疑，支付宝算法会核对买卖双方的账户，然后汇集数据判定交易是否有效。

每笔交易、买卖双方的每一次沟通及在阿里巴巴平台的每项活动都会影响企业的信用评分。同时，计算分数的算法本身也在不断发展，在每次迭代中提高决策质量。

芝麻信用为信誉良好的消费者提供优惠，如免除酒店住宿和自行车租赁的押金。

此外，蚂蚁集团部署了一个全面的人工智能防欺诈风控系统。该系统可以分析数百种用户行为，包括从登录到开始交易的任何操作。支付宝对其软件进行训练以识别可疑行为，并且通过风险模型将其归类。该模型几乎可以立刻对操作的风险性做出判定，被认定为低风险的操作是安全的，可以继续进行；被认定存在风险的操作需要进一步核查，包括可能的人工复查。

由实验支持的学习

蚂蚁集团规模和范围的扩大源于其学习能力（与分析技术和敏捷创新相结合）。

蚂蚁集团在业务中使用的数据和算法也有助于敏捷团队开发新的服务项目。蚂蚁集团依靠场景原型（用例）来开发新的应用程序（解决方案）或机会以吸引数量庞大的消费者，从而使该技术迅速成为主流并不断完善。它还利用数据挖掘和语义分析方面的创新来自动解决客户的相关问题。

打破人为瓶颈

蚂蚁集团的案例说明，数智化运营模式的本质是在产品或服务交付的关键路径去除人工干预。工作人员帮助制定策略、设计用户界面、开发算法、设计软件和解释数据（及许多其他功能），同时实现客户价值驱动流程的完全数智化。这样，在个人贷款资格评定或特定投资工具推荐过程中就不会出现人工操作的瓶颈。

许多新的运营模式（如蚂蚁集团的运营模式）实现了数据驱动自动化，这样可以逐步消除交付瓶颈中的人工操作。例如，用户在亚马逊 App 上购物时，一打开该程序，它就会根据用户先前的购买行为和类似用户的购买行为自动帮用户选择商品。定价信息实时（或接近实时）处理并与行为信息合并，以动态地构建用户交互页面。产品经理最终会查看有关交易和消费者行为的汇总数据，但是几乎在所有服务的关键路径都去除了人工因素。唯一的例外可能是需要人工协助从高度自动化的仓库中取货，还有就是送货员将包裹送至客户家门口。

消除关键路径中的人员和组织瓶颈会对运营模式的实质产生巨大影响。在许多数字网络平台上，客户增量的边际成本为零，只有计算成本有小幅增加，而计算能力可以轻松地从云计算供应商那里获得。这从根本上使数智化运营模式更易于扩展。人工和组织因素就不再是公司增长的限制条件，因为软件和分析技术可以解决许多复杂的运营问题，公司还可以将其外包给运营网络的外部合作伙伴加以解决。

数智化运营模式也从根本上改变了公司的架构。数字技术不仅消除了人为瓶颈，而且因为其模块化特征，还可以轻松实现业务连接。当完全实现运营数智化后，一个流程可以轻松地接入合作伙伴和供应商的外部网络，甚至接入个人的外部社群以提供附加的互补性价值。因此，数智化过程本质上是多边性的。在一个域中实现价值交付后，可以将同一过程连接到其他应用程序中实现价值驱动，从而扩大公司范围，并且使交付价值翻倍。

最后，数智化运营模式还可以提升学习和创新速度。累积的大量数据为越来越广泛的任务提供了关键输入，从即时应用程序个性化到功能创新和产品开发。此外，通过将许多运营工作流数智化，数智化运营模式缩小了组织的整体规模并减少了烦琐的程序。数智化运营通过对足够多的数据进行分析，深入了解问题，然后由规模相对较小的敏捷产品团队迅速采取措施。

最终，在数智化运营模式中，员工不会直接交付产品或服务，而是设计并监督由算法驱动的自动化数智"组织"，由它们进行实际的商品交付。这完全改变了管理要素及增长过程，并且消除了制约企业规模、范围和学习的传统经营瓶颈。

下面再看两个例子。

魅力无穷的数字单车

我们认为我们的产品更类似于苹果、特斯拉、雀巢或 GoPro[⊖]，因为它具有诱人的硬件和软件基础。

——佩洛顿创始人兼首席执行官约翰·弗利

据报道，约翰·弗利在创立新一代健身公司佩洛顿时曾被 400 多位投资者拒之门外。投资者不相信 200 多年前就有的传统产品（如固定单车）具有数智化未来。但是，弗利却思路奇特，他当时是巴诺书店的首席执行官，正在与亚马逊展开竞争。"我刚入职时，公司的最高收入是 5 亿美元。我本可以将其翻倍，但仍然亏损了 1 亿美元。"2014 年他对《巴伦周刊》（*Barron's*）如此说道。"作为商人，我不喜欢这样的价值主张。"⁵ 弗利意识到，与具有出色规模、范围和人工智能的对手竞争纯属浪费时间，他需要对一个传统行业进行数智化改造。

成立佩洛顿的想法萌生于弗利的一次不愉快经历——约不上喜欢的室内单车课。单车工作室空间非常有限，以至于所有教练的课程刚一排好就被立刻抢光。受亚马逊和网飞启发，他设想开办一家新型健身公司，不受时间、空间和容量的限制。

佩洛顿成立于 2012 年，主要产品是一款时尚的高品质室内单车，配有 21 英寸（1 英寸 =2.54 厘米）集成平板电脑显示健身程序。客户先购买价格约为 2200 美元的单车，然后每月再额外支付 39 美元即可无限制地使用健身程序。健身程序里

⊖ 美国的一家运动相机厂商。——译者注

每天有超过 14 小时的室内直播课可供选择（录自纽约和伦敦），还有不断扩大的资源库，包括 1.5 万多个之前录制的锻炼视频，客户可以按需使用。

佩洛顿的商业模式建立在数智化运营的基础上，这一革新使健身行业脱颖而出。人们可以在健身房（新年伊始，有多少人购买了年度会员）或者家里（有多少人买的跑步机在家里闲置，成了昂贵的衣架）锻炼身体。健身房的商业模式包括进行资本投资，然后通过订购模式向客户收取费用（大多数人只能坚持去一个月），或者某一项目按次支付课程费用。传统的家用健身设备制造商向我们出售设备，我们购买其产品并希望能够坚持锻炼。佩洛顿的商业模式是通过添加数字内容、数据、分析和连接性对传统产品加以改造，与传统行业进行竞争。

佩洛顿最初的价值创造方式非常简单：客户希望享受家庭健身的好处和便利，同时又能得到优秀教练的指导并能同小伙伴们一起大汗淋漓，于是佩洛顿将健身房复制到用户家里，它负责提供各种各样的训练课程，包括单车骑行、跑步机运动、瑜伽、冥想、力量训练，甚至户外步行和跑步锻炼，价值创造能力得以大大提升。就像网飞用户共同观看节目一起狂欢一样，它有 100 多万名会员投入健身活动，肆意挥洒汗水。

佩洛顿通过打造会员社群并把它们相互连接来创造附加价值。17 万多名佩洛顿会员通过 Facebook 官方页面联系在一起，他们围绕佩洛顿的各位教练（佩洛顿系统的名人）形成了数百个子社群。另外，还有围绕训练目标、地理位置和训练方式等形成的大量用户群体。参加实时直播课也是会员的一种共同经历，会员可以在实时排行榜上看到他们各自的表现，还可以隔空击掌，保持联系，跟踪彼此的锻炼进度。教练还对直播用户进行点名，大声表扬他们的成绩和突破，并且提醒他们在难度大的环节保持较好的状态和较高的积极性。按需课程甚至可以与正在上课的骑手保持联系。佩洛顿建立了锻炼者之间的语音和视频连接，将健身课程体验带到他们家里去。当佩洛顿会员从美国、加拿大和英国各地来该公司位于曼哈顿的工作室上现场课时，社群成员还通过定期的"家庭骑手入侵"（home rider invasions）活动进行面对面交流。

佩洛顿的价值获取模式结合了产品的销售和订阅。如果没有订阅服务，训练单车几乎没什么销量。佩洛顿拥有 100 万个订阅者，续订率高达 95%。另外，不想购买单车的佩洛顿粉丝可以通过移动应用程序，以每月 20 美元的价格订阅公司的数字内容和社群服务。

扩展健身体验是佩洛顿运营模式的核心。SoulCycle 工作室里的单车课程每次只能有三四十个骑手，但现场直播的佩洛顿单车课可以让 500 ～ 20 000 人同时参加。实时课程结束后，课程内容还会成为在线图书馆的一部分，会员可以免费观看。佩洛顿的领导层还意识到，其会员可能还需要其他健身项目，因此通过提供瑜伽、力量训练和跑步机锻炼（当然，只有购买了价格不菲的佩洛顿跑步机的会员才能享受这项服务）等一系列课程来扩展项目范围。

佩洛顿在许多方面仍然是一家以产品为中心的公司，但是弗利的想法是生产健身器材界的 iPhone。佩洛顿于 2013 年制造了第一辆单车，在经过一轮生产性投入后，2014 年佩洛顿出品了一款改良单车，由消费者试骑后才推向市场。到 2015 年，这款单车的性能已经非常完善，销售量开始飞涨。

该公司筹集了大约 1 亿美元资金，用于与中国台湾的制造商密切磋商如何提高产能以加快单车的生产和交付速度，并且扩大软件和分析团队，大幅完善交付内容。该公司还建立了自己的供应链，用印有佩洛顿商标的货车进行运输，派遣员工上门安装，帮助客户找到喜欢的课程和教练。

尽管佩洛顿的成功源于出色的产品，但该组织的结构更像一家软件公司。它雇用一个由 70 多位软件工程师组成的团队来设计安卓版的公司系统。佩洛顿还雇用专业人才来规划、设计和生产相关产品与服务——从新型跑步机到最新的“Power Zone”课程，应有尽有。虽然人力因素发挥了关键作用，但是佩洛顿是以数字服务高度扩展的方式向数量激增的发烧友提供健身体验。

订阅佩洛顿服务的消费者数量不受限制（只要其中国台湾的供应商能够持续地供应健身器材）。与蚂蚁集团一样，佩洛顿的增长瓶颈已转移至内部数字系统或外部资源。同样，佩洛顿摆脱了传统运营模式对增长的限制。此外，佩洛顿软件中的 API 与各种互补性应用程序（如 Apple Health、Strava 和 Fitbit）、社交网络（Facebook 和 Twitter）和设备（心率监测器、智能手表）相连，可以轻松扩展业务范围。

尽管佩洛顿的人工智能程度远未达到蚂蚁集团的水平，但它已构建了一个成熟的分析平台并以数字流形式传输内容，从而让健身训练具有新的体验。该公司收集了广泛的数据，从骑手的心率到锻炼频率再到音乐品位，从健身房出勤率到社交网络参与度。它会不断分析数据，使用分析技术来进行各种改进，从新产品种类选择和设计到服务优化。分析技术可以改善用户体验并极大地提高其参与度，同时增加转换难度，减少客户流失。

与其他健身器材产品不同，佩洛顿客户的品牌忠诚度极高。我们很容易猜想出该公司的数据处理方式以及可能的范围扩展。例如，佩洛顿可以将其用户连接到营养服务、医疗保健甚至保险产品。该公司的数据储备为其经营健身业务提供了多种可能。

佩洛顿的发展速度令人瞩目，公司依靠软件、数据和网络迅速扩展，收入超过 7 亿美元，以大约 10 亿美元的投资实现了 40 亿美元的估值。

最困难的人工智能业务

人工智能的所有工作其实都可以由人工完成，其唯一的优势就是规模化。

——奥卡多科技公司首席运营官安妮·玛丽·尼瑟姆

线上食品配送绝对是有史以来最具挑战性的业务之一。想象一下，向上百万人做出承诺：无论晴天、雨天、冰雪天还是举办奥运会，都要将五万种世界上利润最低和最易腐烂的货物准时送达。难怪经过很多年后，奥卡多的经营方式才获得金融分析人士的认可。2010 年公开上市后，奥卡多的商业模式、运营模式甚至名称都遭到了严厉批评（"Ocado 以'o'开头，以'o'结尾并且价值为零。"国际认证财务顾问、Ambrian 公司的分析师菲利普·多根如是说）[6]。但是近些年来，这家英国公司的表现大大超出了人们的预料，成为金融市场的宠儿。

奥卡多的成功要归功于人工智能对其业务和运营模式的巨大影响。奥卡多既在线配送自己品牌的食品，同时也提供其他品牌的商品。它奠定了数据、人工智能和机器人技术的强大基础，以保证业务流程的准时、可靠和高效。奥卡多看似是一家供应链公司和网上零售超市，但其实是一家人工智能公司。它基于客户需求，凭借不屈不挠的精神和持续的投资而逐步形成强大的业务能力。

奥卡多成立之初使用计算机网络购物系统，于 2009 年推出了首个移动应用程序。该业务的关键是一个集中数据平台，该平台于 2014 年重建，包含产品、客户、合作伙伴、供应链及配送环境等各方面的详尽信息。所有的数据都被存储在云中，通过便捷的界面提供给负责优化各种应用程序的敏捷团队使用，这些程序涵盖了诸多操作，从配送路线选择到机器人使用，从欺诈检测到破损预测。所有这些要素共同构成了一种快速增长且盈利的业务模式，其按时配送率达到了创纪录的98.5%。

人工智能算法在奥卡多的执行系统中占主导地位。人工智能每秒可运行数千次路由计算，以确保公司拥有高度可预测的配送模式，并且对公司成千上万辆卡车进行优化管理，在全英国范围内的任何天气和交通状况下都能按时配送。该算法还可实时优化卡车路线，确保配送产品的新鲜度。

除了路由算法，人工智能实际上还能够预测客户大概何时下单，下单时间通常要比实际需要时间早几天。该算法非常规地使用有关客户偏好的深度数据，与奥卡多供应链中的农户的约束条件进行交叉引用，从而估算冷藏卡车何时应该到达奥卡多的供应农场网点，把肉类、家禽以及农产品装车并运至仓库。仓库本身就是人工智能技术的杰作，有成千上万个机器人对食品进行分拣、集中和运输，由算法负责对机器人进行统筹管理，优先考虑最急需、最易腐烂的货物，同时尽量避免货物拥挤并优化整体效率。

仓库（也称为履行中心）是奥卡多运营模式最核心的部分。一个仓库的面积就有 11 个足球场那么大，可以装配 35 英里（约 5.6 万米）长的传送带，每天运送几十万个货箱，可同时运送一万个。路由算法会确定每个箱子的位置以避免彼此干扰，并且确保货物新鲜度和配送容量。另外，由其他算法对整个仓库系统进行汇总和建模。

该系统非常灵活，随着奥卡多技术和运营团队的不断学习、试验与创新，其规模和范围迅速扩大，容量也随之增长，逐步覆盖更多的配送网点、服务更多客户和管理更多的机器人。正如其首席运营官安妮·玛丽·尼瑟姆所说："机器学习永无止境，但其核心内容只有一个，即可视化、试用、迭代、迭代、迭代、批量迭代。"[7]

　　逐渐地，奥卡多的人工智能和机器人技术开始与一系列传统操作流程相冲突。即使在高度自动化的仓库中，仍然需要人工来执行许多机器人难以完成的任务，其中最主要的是挑拣某些形状特殊的商品。但是，正如之前所看到的，公司正尽可能地把人工因素从关键路径剥离，以提高业务流程的可扩展性和可靠性，奥卡多首席技术官保罗·克拉克说："对我们而言，一开始就要不断地寻找下一个需要自动化的操作，无论是将塑料袋放在板条箱中，还是在货棚里移动货物。我们先从明显的需求开始，然后对下一个流程进行自动化改造，再下一个，永远没有尽头。"[8]

　　奥卡多强大的人工智能和数字功能正在支持两种不同的业务模式。利用在英国开展线上零售业务发展起来的强大功能，奥卡多还为第三方零售和配送服务提供技术平台，举世闻名的英国零售商玛莎（Marks & Spencer）就是其中之一。奥卡多还把业务扩展到大洋彼岸，如与加拿大的 Sobeys[⊖]和美国的克罗格（Kroger）[⊖]合作，建立运营批发栈和仓库中心。

　　作为合作方，克罗格的奥卡多股份已增持到 6% 以上，它利用奥卡多的智能平台进行在线订购、全渠道集成、自动履行订单、送货上门。奥卡多凭借近 20 亿美元的收入和约 70 亿美元的估值进军美国市场，亚马逊正密切关注着它。

<hr>

　　⊖　加拿大的一家食品零售商。——译者注
　　⊖　美国的一家零售商。——译者注

转变价值的创造、获取和交付途径

蚂蚁集团、奥卡多和佩洛顿展示了价值交付数智化、商业模式创新及行业转型的三种方式。在每个案例中，我们都见证了卓越的消费者价值创造，其规模、范围和创新水平在所在行业中都是前所未有的。价值获取方式也惊人相似，这三家公司都不太注重业务的交易性，而是更多地投入数字技术来提高消费者的忠诚度和参与度。只要消费者对某一项服务有较高的参与度，更多的用户就会加入，获利的机会就会成倍增加。

这三家公司之间的差异也很有趣。它们最初所从事的三个行业（金融服务、食品配送和健身）毫无关联。蚂蚁集团提供基于信息的一系列服务，奥卡多借助效率非凡的供应链配送货物，佩洛顿则提供高度集成的产品–服务组合。但是这三家公司的共性是，它们都对关键运营流程进行了数智化处理，产生了变革性的影响。

通过进一步分析我们可以看到，三家公司都使用算法和网络来变革市场，但是每家公司的做法又各不相同，各自具备独特的功能和经营理念。蚂蚁集团开发了一个高度自动化的系统，在金融服务和其他领域不断扩大规模和范围。奥卡多还有一个利用复杂人工智能的运营模式，该模式的核心算法极具可扩展性，不断扩大产品供应范围，并且能够进行持续的学习和创新。奥卡多还强调算法与人力资源相结合，例如，由算法协助驾驶员和货物分拣员进行工作。佩洛顿则更多是由网络和社群驱动，但仍使用数据和分析来提高会员的参与度和忠诚度。

公司把人力才智的成果应用于更广泛的客户社群，日趋完善的分析技术帮助客户享受网络服务、进行健身活动并查验进步情况。与奥卡多一样，人类的技能和劳动转变为设计、产品并进行生产和优化，而数字技术则提供并维持核心体验。

尤其值得一提的是，这三家公司相似的运营模式让我们颇感兴趣。通过关键流程的数智化改造，每种运营模式都消除了传统瓶颈，同时也使其扩展性、范围和学习能力达到空前的水平。一旦这种模式建立，公司要实现增长只需要增加额外的计算能力，而这也很容易从云端获得。增长瓶颈已转移至技术层或与合作伙伴和供应商组成的生态系统。图 2-2 展示了这三家公司的核心数字业务和运营模式。

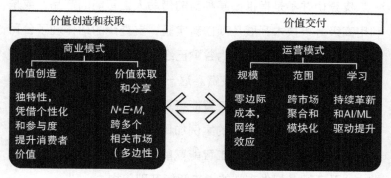

图 2-2　价值创造和获取与价值交付

注：$N*E*M$＝用户数量＊用户参与度＊货币化。

确立人工智能的核心地位

2017 年 5 月 17 日，谷歌的首席执行官桑达尔·皮查伊在谷歌 I/O 开发者大会上宣布了一则惊人的消息，他说谷歌的战略重点正在从移动技术转移至 "人工智能优先"（AI first）。[9] 当时在场的 7000 名参会者，还有 100 多万名在线观众听到了这一消息。

这一消息使很多人感到意外，从成立之初，谷歌的业务和运营模式一直都是以数据、网络和软件驱动为核心的。谷歌使世界上最先进的搜索算法商业化，开发了领先的广告技术，并且将安卓系统打造成应用最广的软件平台。该公司已经在人工智能方面进行了大量投资，其出版物和专利数量超过了其他大多数公司和大学。那么谷歌此次宣布 "人工智能优先" 所谓何意？

皮查伊并不是指推出某种新的借助人工智能的产品，或是利用高级分析技术开展几项创新实验，皮查伊的话体现了公司真正的战略发展意图，因为谷歌已经在软件算法和人工智能技术方面进行了 20 多年的投资。这一声明表示人工智能要成为谷歌运营模式的核心，人工智能将逐渐成为每个操作流程的共同基础。皮查伊使用不同的案例加以解释，包括服务客户的新颖程序（如新开发的由人工智能赋能的谷歌助手）和为谷歌数据中心及云服务提供支持的人工智能基础架构。

该消息对于谷歌的用户、广告商、外部开发人员和员工来说都意味着一个信号，即对人工智能及相关的数据分析投资已成为公司业务和运营模式的重要部分。也就是说，谷歌的各方面业务都将围绕这一核心。谷歌的所有产品和服务（其中几项服务拥有数十亿个活跃用户）都将通过对话式人工智能（表现

为语音、文本）、机器人工智能（可应用于所有类型的设备）和
情景式人工智能（了解你需要什么）增加所交付的价值。每个
过程都会持续学习，不断调整。嵌入式人工智能系统将致力于
研究如何预测消费需求，并且在所有的交互过程中更新模型。
当然，这种预测能力对谷歌的广告客户而言具有巨大的价值。
"人工智能优先"的理念意味着谷歌的广告将变得越来越个性
化并可以自动调整，其最终目的是提高广告的相关性以获得更
多的点击量。

　　皮查伊的发言传递了清楚的信号，同时也对谷歌员工敲
响了警钟。无论是技术还是业务人员，都要对人工智能有深入
的理解，还要在公司的价值创造和获取及运营模式的各个方面
推动其应用。对于谷歌数量庞大的合作伙伴和开发者而言，这
意味着他们要利用人工智能改善自己的产品和服务（从健身应
用程序到电视机）。我们这些关注人工智能的人应该明白，人
工智能技术已经成熟。对于数以百万计的广大民众来说，人工
智能不再是某种前途光明的技术创新，它已成为公司运营的
核心。

　　在下一章中，我们将通过分析来了解为什么谷歌公司实质
上是一个由软件、数据和算法支撑的可扩展性决策工厂。

3

第 章

人工智能工厂

回溯历史我们可以发现，在大部分时期，产品的生产都是在手工作坊中完成的，这需要工人辛勤劳作、逐个加工。工业革命时期出现了可扩展、可重复的制造方法，从而带来了经济模式的变革，手工作坊生产到此结束。工程师和管理人员因熟知批量生产的过程而成为行家里手，他们建立了第一代工厂来持续生产低成本的优质产品。然而，尽管生产过程已实现工业化，但分析和决策方式仍因循守旧。

如今，一类新型公司推动了另一项根本性变革，标志着人工智能时代的到来。这类公司对数据收集、分析和决策过程进行产业化提升，以重塑现代公司的核心，即我们所说的"人工智能工厂"。[1]

　　人工智能工厂是可扩展的决策引擎，可以为 21 世纪公司的数智化运营模式提供动力。管理决策过程越来越多地嵌入软件中，由软件对许多流程进行数智化处理，而这以往都是由人工完成的。谷歌每天都要进行数百万次的搜索广告拍卖，没有拍卖师介入这一过程，滴滴、Grab、Lyft 或优步的平台上也不用调度员来确定车辆的租用，体育零售商用不着每天在亚马逊上为高尔夫球服装定价。这些业务流程全部由人工智能工厂进行数智化处理并执行，而对于人工智能工厂而言，决策流程就是一种工业流程。分析技术可以系统地将内外部数据转换为预测、见解和选择，从而指导甚至自动执行各种业务操作。这就是数智公司具有卓越的规模、范围和学习能力的原因。

　　数智化运营模式多种多样，有时它们可能只负责管理信息流（如蚂蚁集团、谷歌或 Facebook），而有时会指导公司如何构建、交付或运营实际的物理物品（如奥卡多、亚马逊或 Waymo[⊖]）。无论哪种情况，人工智能工厂都是运营核心，指导最关键的流程和决策，而人类则被从价值传递的关键路径移至边缘地带。

　　从本质上而言，人工智能工厂在用户参与、数据收集、算法设计、预测和改进过程之间创建了一个良性循环（见图 3-1）。它集成了多个来源（公司内部或外部）所生成的数据

　　⊖ Alphabet 旗下谷歌的无人驾驶汽车项目，后成为一个独立实体。
　　　　——译者注

以完善和训练一组算法。这些算法不仅可以进行预测，还可以使用数据来提高自身的准确性。然后，把预测结果告知相关人员或者自动做出反应。还要通过严格的实验协议对一些假设进行测试，如顾客行为模式的变化、竞争性行为及流程的变更，分析哪些因果关系可能改善系统。最后将使用情况和预测结果的准确性及影响的相关数据发回系统中，进行进一步的学习和预测。此过程循环进行。

图 3-1 人工智能工厂的良性循环

以谷歌或必应之类的搜索引擎为例。用户在搜索框中输入几个字母后，算法就会根据用户先前搜索过的字词和相关操作动态地预测完整的搜索表达。这些预测会显示在一个下拉菜单（自动建议框）中，帮助用户快速完成搜索。用户的光标移动和点击动作都会被捕捉为数据点，而每个数据点又改善了对将来搜索的预测。预测效果与搜索次数成正比，预测越好，则搜索引擎的使用频率就越高。

　　搜索引擎的人工智能工厂中还有许多其他种类的预测闭环。在自然搜索过程中，用户输入搜索词会生成自然搜索结果并加以显示，搜索结果是从先前安装的网络索引中提取的，通过使用先前的搜索结果（点击次数）进行优化。此外，输入搜索词还会针对最相关的广告启动自动竞价，以匹配用户意图，这种竞价结果还取决于其他的学习循环。这一搜索过程是自然搜索和相关广告的结合，因此其结果受到先前搜索数据的影响。在搜索查询或搜索结果页面上的任何点击均可提供有用的数据。

　　此外，搜索引擎业务中的产品经理可能有一些新的假设，例如，安排较少的广告可能会提高给定页面上的收入，或者比较醒目的搜索结果会提高点击率。为了获得更多数据，这些假设将被加载到实验机器上，针对统计数据上具有相关性的用户样本进行测试。

　　显然，仅仅依靠几个分析师用手动工具，甚至随意组合的代码来完成所有数据的分析简直是天方夜谭。人工智能工厂将批量生产的方法引入数据处理和分析过程来解决这一问题，从而形成了数智化运营模式的核心。让我们以网飞为例来对人工智能工厂的本质进行深入探究。

建立和运行人工智能工厂

　　网飞利用人工智能改变了媒体格局。以人工智能为中心的运营模式构成了网飞的核心要素：由软件基础架构提供动力支持，该基础架构收集并训练数据，还执行有关各方面业务的算法，从个性化用户体验到挑选电影主题再到内容协议等。

早在 20 年前，网飞就开始让用户在观影基础上发布影评并进行影片推荐，并且新片 DVD 一发行就立马开展租赁业务。那个时候网飞就已经意识到了利用数据改善用户体验的重要性。公司的早期工作集中在开发推荐引擎，该引擎会根据观众的观看记录、电影收视率和类似观众的喜好来推荐电影。[2] 网飞不仅在内部使用此数据，而且还向电影制片厂提供用户影评。这种做法有助于网飞与华纳家庭录像⊖和哥伦比亚三星达成合作伙伴关系，以协商更有利的财务条款。[3]

网飞发展迅速，在 2007 年推出流媒体服务时就吸引了 800 万个订阅者。这个新产品急剧扩大了公司访问用户数据的权限，由网飞分析团队对这些用户数据进行充分利用。在邮递服务时期，网飞仅仅可以追踪到用户想看的影片、他们保留 DVD 的时间以及他们对每部片子的评级这些信息，而无法监控实际的观看行为。借助流媒体，网飞可以跟踪完整的用户体验，例如，用户何时暂停、快退或跳过，或者用户使用的是哪种设备。这些行为数据有助于网飞确定推荐的影片（是的，即使这些也是基于观众对影片类型、演员和其他类似因素的偏好而提供的个性化服务），并且预测用户的偏好。网飞还可以通过更高级的分析来预测如何确保用户的忠诚度。为了增加订阅者的观看时间并降低用户流失率，网飞使用人工智能启动了一项功

⊖ 华纳兄弟旗下的一家子公司。——译者注

能，该功能可将系列节目中的下一个自动排入或进行类似电影的推荐。由此可见，定制和个性化服务已无处不在。正如约里斯·埃弗斯——当时是网飞的发言人，2013 年告诉《纽约时报》的那样，"我们有 3300 万种不同版本的网飞"[4]，这意味着网飞的观看体验因人而异。

网飞还使用数据和人工智能算法来决定自己的影片制作。该公司为此在 2013 年首次使用了预测分析，它与 Media Rights Capital（MRC）[○]合作对《纸牌屋》进行评估，该剧虚构了一名参议员的白宫晋级之路。原创内容副总裁辛迪·霍兰德在接受采访时说："我们的投射模型可以帮助我们进行预测，根据观众特征来判断某一主题或领域可能会拥有多少观众。我们还有一个节目类型框架，可用其预测我们手中哪些领域的节目可能获得成功。"[5]

2010 年，网飞开始利用人工智能工厂在公司的推荐引擎中系统地应用分析和人工智能。2014 年，该公司扩大了人工智能的应用范围，通过了解用户行为提升流媒体体验，为每个用户创建个性化服务（基于连接速度和首选设备等因素），通过确定用户缓存的电影和节目来改善流媒体体验。[6]如今，网飞的订阅客户约为 1.5 亿个，覆盖 190 多个国家或地区，还拥有超过 5500 个节目的内容库，占用了全球互联网带宽容量的 15%。

网飞和其他领先公司的经验表明了一些基本的人工智能工厂组件的重要性（见图 3-2）。

　○　美国的一家影业公司。——译者注

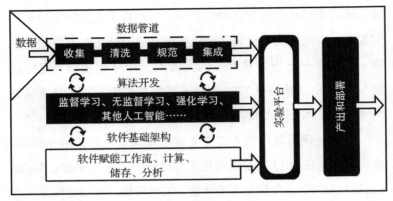

图 3-2　人工智能工厂组件

1. 数据管道：此过程以系统、可持续和可扩展的方式收集、输入、清洗、集成、处理和保护数据。

2. 算法开发：算法对有关业务的未来状态或操作进行预测。这些算法和预测是数智公司的活力所在，能够推动最关键的运营活动。

3. 实验平台：这是一种工作机制，是对一些新的判断和决策算法进行测试以确保相关改进具有预期（因果关系）效果。

4. 软件基础架构：这些系统把数据管道嵌入互相一致且组件化的软件和计算基础架构，根据需要进行连接以符合内外用户的使用需求。

如果数据是为人工智能工厂提供动力的燃料，则基础架构是输送燃料的管道，而算法则是完成工作的机器。实验平台就相当于控制着新燃料、管道和机器与操作系统连接的阀门。首先让我们看一下数据管道。

数据管道

　　数据是人工智能工厂的基本输入。近年来，人工智能系统取得了根本性进展，其中一个原因就是互联网的速度和使用量急剧增长，因此各种可用于分析的数据量激增，如早在 2012 年，网飞就进行了广泛的数据输入。正如网飞的两名工程师泽维尔·阿玛特里和贾斯汀·巴西利科在网飞博客上所说的，他们有各种不同的数据来源。

- 我们从会员那里获得了数十亿个项目评分。我们每天还收到数百万个新评分。
- 我们把节目受欢迎程度作为基础标准，但是评判受欢迎程度的方法指标各异。可以按不同的时间跨度计算，如每小时、每天或每周，或者按地区或其他相似性指标对会员进行分组，然后计算节目在该组的受欢迎程度。
- 我们每天有数百万个流媒体播放，其中就包含相关信息，如播放持续时间、时间段和设备类型。
- 我们的会员每天将数百万个节目添加到他们的购买清单中。
- 目录中的每个节目都有丰富的元数据：演员、导演、体裁、家长评分和评论。
- 演示文稿：我们知道已推荐的内容及其位置，并且可以查看该推荐如何影响会员。我们也可以观察会员对推荐的反应：滚屏、鼠标悬停、单击或在给定页面上停留的时间。

- 社交数据已成为我们最新的个性化功能来源，我们可以处理用户好友观看过的内容或评分数据。
- 我们的会员每天直接在网飞上输入搜索词条。
- 我们上面提到的所有数据均来自内部。我们还可以利用外部数据改善功能，例如添加票房情况和影评家的意见等外部数据。
- 当然，这并非全部，还有许多其他数据如人口统计、位置、语言或时间等，都可以用于完善我们的预测模型。[7]

在 2018 年，网飞有超过 5600 部电影和电视剧可供用户选择。每当用户在各自的电视、计算机、手机或平板电脑上打开网飞应用程序时，公司系统就会提供个性化建议和自定义界面。实际上，用户体验的各个方面都能够生成数据，网飞就可以进一步调整它提供的自定义设置（当然，现在可用的数据量要比 2012 年多太多了）。所有这些数据都会经过网飞的清洗、集成、准备和使用，用于动态地调整服务，从而使公司向约 3 亿个用户提供的价值得以不断提高。

网飞数据的深度和广度令人羡慕不已。公司部分数据和分析资产的来源包括其创造的大约 2000 个"微团簇"或社群，这样有相同喜好的观众就集中在一起。用户可以加入多个社群，他们的行为表现往往与人口统计特征相违背。例如，孟买市区 65 岁的老奶奶可能与阿肯色州农村地区的青少年喜欢相同的节目。

　　网飞使电视娱乐"数据化"（datafied）——这是阿里巴巴的首席战略官曾鸣创造的新名词。数据化指的是从任何自然进行的交易中提取数据的过程。[8] 例如，Nest 恒温器把大家都熟知的功能（控制家居供暖、通风和制冷系统）数据化，这样就开辟了一个大家都忽略的新市场。使用几个电子传感器来监测温度和室内活动，再通过 Wi-Fi 设备连接计算机控制端，Nest 就创建了一个全新的数据层，可以向房主提供重要的新价值。Nest 设备可以在短短的几天时间里获悉用户的生活习惯并自动调节温度，还可用于附近设施的节能计划，并且能通过智能手机进行遥控。

　　几乎每种场景都可以进行类似的数据化改造，从 Facebook 上的社交行为到用户戴着 Apple Watch$^{⊖}$或 Fitbit$^{⊖}$健身，或利用 Oura$^{⊜}$和 Motiv 戒指进行睡眠与健康状况跟踪。[9] 就像网飞一样，最初的数据化过程开始越来越多地与外部数据源相结合，为用户提供更多的价值。以 Oura 戒指的应用为例，将睡眠和心率数据与用户的活动水平结合起来并由 Apple Watch 监控，就可以指导用户高效地安排一天的休息和活动时间。租车平台像优步、Lyft、Grab、滴滴和 GOJEK 都围绕运输活动建立了数据层。用户在智能手机上使用相关应用程序，这些公司就能够以前所未有的程度生成相关数据，涉及个人乘车偏好、乘车

　　⊖　苹果公司旗下的一款智能手表。——译者注
　　⊖　记录器品牌。——译者注
　　⊜　一款智能戒指。——译者注

需求，以及进出市区的整体交通流等。今天我们能获得所有这些准确、实时的数据，这在以往是不可能的。

有时需要进行创新才能将传统活动转变成有用的数据源。支付宝和微信支付广泛使用二维码付款从而领跑网上交易领域。如果一家公司不拥有处理好的数据或根本就没有数据，那么它首先就应该进行技术和服务投资以生成数据。即使是已有百年历史的邮政设备供应商 Pitney Bowes，也围绕客户所处的不同地区拟定了数据化战略，并且通过以下方式扩展公司的业务模式：向银行、保险公司、社交平台和零售商提供数据驱动的知识图谱框架平台，这样这些公司就可以利用地址数据进行营销、欺诈检测或实现其他目的。Pitney Bowes 意识到，它可以创造并捕捉邮政服务以外的价值。

许多尝试建立人工智能工厂的老牌公司发现，它们拥有的数据是零散的、不完整的，通常只能在部门内部和分散的 IT 系统中使用。以商务旅客的酒店住宿为例：从理论上讲，连锁酒店应该拥有客户的数据宝库，从家庭住址到信用卡信息再到出行频率、航空公司、交通方式、出行地点、住宿等级、进餐选择、当地观光景点以及健康和健身偏好等。但实际上，这些数据是高度分散的，存在于数据结构不兼容的各种系统孤岛中，缺少通用标识符，并且也不一定准确。要建立一个高效的人工智能工厂，必须把公司的所有数据进行清洗和集成，而许多老牌公司的高管一直低估了这项工作的挑战性和紧迫性，他们面临的首要任务是确保进行恰当的投入。

我们需要强调的是，在进行数据收集后还有数据的清洗、规范和集成等大量工作要做，这一过程具有相当大的挑战。数据资产经常受到各种偏差甚至简单错误的干扰，因此还需要进行大量投入对数据进行认真检测，以排除错误和不一致的数据。此外，因为要把各种数据流汇集在一起进行复杂分析，所以必须先对不同类型的数据进行规范化处理。尤其需要注意的问题是，要确保财务数据的正确使用，要与运营数据保持一致，这样分析集成数据集获得的结果才是准确的，例如，单位一致，消除冗余，变量兼容。这些过程通常听起来简单，实际上却并非如此，尤其当需要处理规模庞大的数据集时。

算法开发

收集并处理好数据以后，使数据有用的工具是"算法"——机器的运行规则，机器凭借算法进行决策、预测或解决特定问题。

设想一下你将如何分析客户是否会继续使用网飞的服务。在这里，算法依据变量来预测客户的流失，如使用率（频率和强度）、满意度、人口统计学数据及与其他用户的关系或相似性。该预测算法利用客户的历史数据进行调整和校准，使用历史数据或控制实验对分析的准确性进行测试，并且纳入管理人员的分析工具或操作流程，如自动启用优惠活动以挽留易流失的客户。

多伦多大学的阿杰伊·阿格拉沃尔、乔希·甘斯和阿维·戈德法布指出，数据量的增大和人工智能算法的进步降低了精准预测的成本，增加了预测算法在整个经济体系中使用的范围和强度。[10] 算法可以预测谷歌照片里哪些是家人或朋友，你接下来会浏览 Facebook 上的哪些内容，向某位客户提供沃尔玛优惠券会增加多少销售额，或者何时需要对福特工厂的设备进行维护。这些预测对于许多组织的成功至关重要，部署的算法应该加以调试来提供精准一致的预测。

人工智能算法可用于各种应用程序，从生成相对简单的预测（如销售预测）到推荐可进行高频交易的股票，再到复杂的图像识别和语言翻译，这或许已经超出了人类的能力范围。一些非常复杂的应用程序（如汽车驾驶）要同时使用多种不同的算法，例如，识别和跟踪汽车或引导汽车通过交通拥堵路段。

尽管只是在近十年里应用程序的使用量才迅猛增长，但算法的设计基础已经存在相当长的时间了。[11] 经典统计模型（如线性回归、聚类或马尔可夫链）的概念和数学发展可追溯到 100 多年前。虽然现在神经网络是人们的研究热点，但对它们的研究可回溯至 20 世纪 60 年代，只是到了现在才大规模投入使用并能够批量产出。绝大多数可用于生产的人工智能操作系统都使用以下介绍的三种方法中的一种，利用统计模型（也称为机器学习）来开发准确预测能力。这三种方法是监督学习、无监督学习和强化学习。

监督学习

监督式机器学习算法的基本目标是预测结果尽可能与人类

专家（或公认的事实来源）的判定结果一致。经典做法是对一张图片进行分析，判定图片里的动物是猫还是狗。在这种情况下，专家就是把图片标记为猫或狗的人。此类机器学习系统中的算法依赖"专家标记的"数据集，其中包括结果（Y）和潜在的特征（Xs）。该算法的具体表现形式被称为"模型"，该模型采用通用统计方法，针对需要预测的问题创建一个具体场景的实例。

监督学习的第一步是创建（或获取）一组打过标签的数据集。例如，我们可能获取一个文件，其中包含几千张猫和几千张狗的图片，并且每张图片都被打上正确的标签。然后将数据分为"训练"数据和"验证"数据。"训练"数据集被用于确定模型参数，该模型用于生成结果预测（给定图片里是猫还是狗）。对模型进行训练之后，使用"验证"数据集来测试模型的准确性，再由模型对"验证"数据集进行预测。我们可以将这些预测与专家预测进行比较，从而评估模型的质量。监督式机器学习算法可用于预测二进制结果（例如，图片里是猫还是狗）或数值（例如，特定产品的销售预测）。[12]

我们将算法模型所预测的结果与已验证的有标签结果进行比较，就可以确定模型预测的正确率是否令人满意。如果失误率较高，我们还可以选择其他统计方法来获取更多数据，或者找出有助于进行更准确预测的其他特征。最主要的问题是要保持数据、特征和算法之间的迭代，直到模型预测对比专家预测的正确率让人满意为止。

监督式机器学习的例子比比皆是。每次我们将电子邮件标记为垃圾邮件时，其实都是在帮助电子邮件服务提供商的机器学习算法来更新模型，以识别最新的欺诈手段。Facebook 或百度可以显示新上传照片中朋友的名字，是因为我们对之前上传的照片打了标签。信用卡公司或支付平台会根据以前的购买习惯，其实就是自动标记的数据来决定是否允许交易。Nest 恒温器能够在你到家前半小时调整客厅温度，有赖于自动生成的有标签数据，这些数据来自你平时到家和出门的时间及习惯设定的温度。

网飞在多种场景使用监督学习。在向用户推荐时，网飞使用了有标签数据集。先由算法确定一些与目标用户相像的人，然后收集他们的行为和结果信息（如观看和喜欢哪些电影）组成有标签数据集。用户的选择结果组成庞大的数据集，再与用户特征和决策环境特征进行关联，就可以进行有效推荐了。这种协同过滤算法可用于各种推荐，包括亚马逊的购物引擎和爱彼迎的匹配引擎。

由于先期对系统、技术、数据库和重量级企业资源计划（ERP）系统安装进行了投入，许多公司可能已经拥有大量有标签数据，可直接进行算法运行。例如，大多数大型保险公司拥有数十年与财产损失有关的有标签数据，可以轻松运行监督式机器学习模型，以减少欺诈和缩短理赔时间，如果可以直接上传照片或通过无人机进行查验，更是如此。同样，卫生医疗系统的很多问题都可使用有标签数据集进行处理。例如，许多公司都在收集医疗数据（如放射检查、心脏检查、病理检查和心电图结果），并且将数据与诊断结果相关联。Zebra Medical

Vision 公司总部位于以色列，它提供的技术可以帮助放射科医生根据 X 光、CT 和 MRI 扫描结果做出更准确的诊断。

无监督学习

监督学习模型训练系统是用来识别已知结果的，而无监督学习算法主要是在几乎不设前提的情况下发现数据蕴含的特征。网飞就是利用这种算法在分析用户的观影数据时发现相关用户群体，为市场营销活动创建用户细分群，或者创建不同版本的用户界面，以匹配不同的使用习惯。各种国家安全机构和执法组织也是通过积累海量数据来查找异常活动、捕捉潜在安全隐患的。在以上这些情形中，具体的查找目标并不确定，只是要寻找与既定模式相符或不符的群体或事件。

监督学习算法是将输入数据标记为给定的结果，而无监督学习算法则不同，其目的是在数据中找到"自然"分组，并不针对某个特征，还往往会发现一些隐藏的结构。因此，该算法是要呈现数据中已有的模式，并由人（甚至是其他算法）对模式或类别进行标记并判定可能的行为。在判断图片里是猫还是狗的例子中，无监督学习算法会发现几种类型的分组。根据群集的结构，这些分组最终可能对猫和狗、室内和室外、白天和夜晚的照片或对其他任何对象加以识别。注意，无监督学习算法不会推荐特定的标签，而是建立最可靠的统计分组。其余工作由人类或其他算法完成。

无监督学习可以从社交媒体信息中获取对市场的深度了解，比如通过识别客户群体和情感模式来指导产品开发。对客户态度和人口统计的调查结果可用于创建不同的客户群，还可以对客户流失原因进行分类。在生产环境中，可以对机器故障或运行延迟的情况进行分组归类。

无监督学习可分为三大类。第一类是将数据"聚集"成类的算法。时装零售商就可以使用这种方法：通过了解顾客购买的产品类型、商品定价和获利性以及购物渠道来对顾客进行细分。更有经验的零售商可能还会获取其他数据，如基于社交网络的图表数据（与顾客有联系的人）及社交媒体信息。所有这些数据不仅是简单的人口统计信息，还能使公司发现独特的细分市场。

网飞的微簇群（指具有相似的电影和剧集偏好的会员社群）很好地说明了这种工具的强大功能。以主题建模形式进行聚类分析已被广泛应用，其意义是发掘文本数据的价值并在文本内或跨文本找到突出主题。该技术已被用于分析新闻报道、美国证券交易委员会备案、投资者电话、客户呼叫中心记录，甚至聊天记录等。

第二类称为"关联规则挖掘"。一个常见的示例是网店根据购物车中现有的商品，向顾客推荐他们可能感兴趣的其他商品。亚马逊已经使关联规则挖掘成为一门科学。该算法要在不同类别的商品之间寻找共同出现的频率和概率，然后创建各种商品之间可能存在的关联。例如，奥卡多从其数据中发现纸尿裤和啤酒有很强的关联。新手爸妈不经常出门，因此在他们购买纸尿裤时推荐啤酒和葡萄酒是非常有效的，同时还可以提高顾客满意度。

第三类是"异常检测"。这种算法仅查看每个新输入的观测值或数据并判断它们是否符合先前的模式。如果不符合，则该算法将这一项目标为异常。这种类型的应用程序通常用于金融服务中的欺诈检测、医疗部门对患者各种数据的处理以及系统和机器的维护。

强化学习

尽管强化学习的效果相对来说还有待提升，但其应用潜力可能比监督学习和无监督学习更大。监督学习一开始就着眼于以专家的视角处理数据，无监督学习是模式 – 异常识别系统，而强化学习有别于二者，它只需要一个起点和一个性能函数。我们从某处开始探索四周，以状态是否改善或恶化为指导。是花更多时间来"探索"我们周围的复杂世界，还是"利用"我们已建立的模型来推动决策和行动，我们需要对二者进行权衡。

假设我们乘缆车上了一座高山，想要找到下山的路，但漫山迷雾，也没有明显的道路标识。因为不知道哪条路最合适，我们不得不在附近寻找、转悠。我们需要时间四处查看、熟悉周围环境，还需要时间找到最佳道路并下山，因此需要对这二者进行权衡。其实就是探索与利用之间的权衡，我们探路花的时间越多，就会越发确信找到的是最佳道路。但是如果我们探路花的时间太多，可用于下山的时间就会相应减少。

这种情况和网飞算法的个性化电影推荐与所关联的影视资

料之间的关系类似。[13] 但网飞的问题更复杂一些，因为网飞团队需要了解用户想观看的影片，还要确定与之相关的影片，以便向用户提供最佳推荐。这与我们寻找下山道路的情形类似，网飞花时间尝试各种选择，还要花时间利用模型找出解决方案。为了摸清用户的选择，系统会随机确定把哪些影视剧推送给用户，这样可以发现用户的新喜好并完善预测模型。然后，网飞利用改进后的模型向用户进行内容推送。

网飞不断地进行"探索 – 使用"这种两阶段的自动循环来动态地改进服务，该过程旨在最大限度地了解人们复杂的喜好并长期提高用户的参与度。网飞技术博客的作者在2017 年的一篇帖子中这么问："人们的口味和喜好差别太大了，如果我们为每个会员找到最符合他们需求的节目，是不是更好？"[14]

网飞面临的挑战是强化学习中常用的一类普通模型的复杂变体，被称为"多臂匪徒问题"。它是通过想象一个赌徒玩不同的老虎机（"单臂匪徒"）而得名的，每台老虎机都有不同（但未知）的奖励。赌徒可以花费更多的时间来找出提供最高回报的机器，也可以专注于利用迄今为止看来最好用的一台机器。对最佳路径（只在最佳机器上操作）的任何偏离都是令人"后悔"的行为。多臂匪徒问题对于解决如何在不同过程之间分配有限资源这一问题很有用，每个过程与不同的奖励相关联。总体思路是通过最大限度地减少后悔来使操作效果最优化。

多臂匪徒问题对于如何在运营模式中部署人工智能至关

重要。当我们努力优化和改善跨流程的运营绩效时，如何权衡探索与使用的关系至关重要。算法被广泛用于管理各种操作流程，从推荐产品到确定价格，从计划临床试验到选择数字广告。它们甚至可以对想象或现实场景中的主体进行指导，从任天堂马里奥赛车游戏的道路选择到奥卡多仓库中的机器人。从本质上讲，多臂匪徒机制可以制定实际的运营决策，同时优化短期影响和长期进步之间的平衡。

AlphaGo 软件系统的问世使强化学习引起了公众的关注。由谷歌旗下的 DeepMind 公司人工智能研究团队开发的 AlphaGo 开始在围棋比赛中击败各位世界大师级选手。尽管计算机已经在国际象棋项目上击败了人类（还记得 IBM 的 Deep Blue 吗），但人们认为围棋太复杂，无法进行编程。但是从 2016 年开始，这种情况开始发生变化，因为在比赛中顶级围棋大师不断输给 AlphaGo。这些结果令人震惊。

后来 AlphaGo Zero[⊖] 问世并在比赛中击败了 AlphaGo。AlphaGo Zero 使用了强化学习方法：之前在训练 AlphaGo 时输入了成千上万盘棋局的数据，而 AlphaGo Zero 系统的本质是被赋予了下棋规则，然后被要求找出最佳下法（"Zero"表示没有外部数据）。强化学习的工作原理是让软件主体与环境交互并进行操作以使预定的奖励最大化。通过将下棋规则或环境提供给主体，软件系统可以快速学习如何使奖励最大化并获得卓越的性能。谷歌的 DeepMind 团队已将围棋项目的经验教训应用到了药物开发和蛋白质折叠中，结果发现这一系统的性

⊖ 为 AlphaGo 的最强版。——译者注

能远胜于最好的科学家及其研究方法。

实验平台

为了做到性能稳定，人工智能工厂中由数据和算法生成的大量预测需要进行仔细验证。谷歌每年进行十万多次实验以对数据驱动服务的改善进行测试。据报道，领英每年也进行四万多次实验。数智化运营模式需要强大的实验能力，以至于传统的那种临时搞实验的方式根本无法满足规模和性能需求，而最先进的实验平台能够提供大规模实验所需的全套技术、工具和方法。

使用实验平台时，首先必须针对业务可能面临的重大改变提出假设，然后对每个假设进行"随机对照试验"（也称为 A/B 测试）。在试验中，将一个随机用户样本进行更改（称为"处理"），并抽取第二个随机样本保持原封不动（控制组），然后对结果进行比较。如果它们之间的差异具有显著的统计学意义，就说明已知的样本处理方式会影响相关结果，而并非毫不相干。这种方法可确保算法生成的任何预测与结果有实际的因果关系。

实验平台是人工智能工厂的必要组件。想象一下，运行算法来预测客户流失情况，结果发现流失现象与某个年龄段相关。但我们仍然不清楚该年龄段的客户是不是总体倾向于流失，或者他们是否会对某种优惠做出积极反应并继续使用服务。因此在为数百万个客户提供金额不菲的折扣之前，有必要对一小部分客户进行 A/B 测试并收集具有统计意义的重要数据，以证明该种优惠有助于挽留客户。相同的逻辑适用于人工智能工厂提出的各种潜在的大规模业务改进。

网飞的工程师和数据科学家已经构建了一个广泛的实验平台，该平台已完全集成到算法开发和执行过程中。[15] 网飞的每项重大产品更新都必须经过 A/B 测试，然后才能成为产品体验的标准部分。实验平台还用于改善视频流和内容交付网络算法（该服务支持数百个设备和较广的带宽条件），还有图像选择、用户界面更改、电子邮件广告、回放和注册。

实际上，网飞试图将实验环节作为不可或缺的组成部分，这样所有的决策过程便具有严谨的科学性。网飞员工能够利用全自动实验平台大规模地进行实验，确保没有其他阻断实验或重叠的主题库，也可以从受众中收集实验主题，在实验进行期间和完成后创建分析报告并使结果可视化。

软件、连接性和基础架构

数据管道、算法设计和执行引擎及实验平台都应被嵌入软件基础架构中，以驱动数智公司的运营活动。

数据平台为人工智能工厂提供动力，图 3-3 描绘了一个最新的数据平台，数据流的方向从下至上。该数据平台为软件开发人员提供了构建、部署和执行人工智能应用程序的框架。管道的基本设计思路借鉴发布 – 订购模式来设置 API，目的是为应用程序提供清洁、一致的数据，因此可以把它看作数据超市。

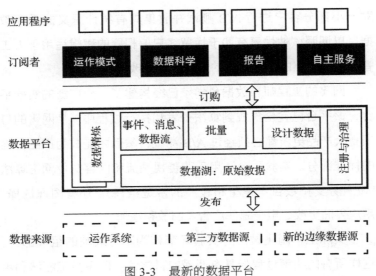

图 3-3　最新的数据平台

资料来源：Keystone Strategy 战略咨询公司。

　　在对数据进行汇总、清洗、精炼和处理后，应用程序就可以通过一致的接口（API）快速订阅，对其需要的数据进行采样、测试和部署，这使得一个敏捷开发团队在几周甚至几天内就可以创建一个新的应用程序。如果没有这种条件，传统的 IT 定制流程将花费大量时间和成本，是维护和更新人员的噩梦。要想成为网飞那样的人工智能型公司，重点不是去创建一个人工智能应用程序，而是要创建成千上万个程序，从而足以进行尽可能多的不同类型的预测。

　　与数据和软件投资同时进行的是对连接性和基础架构的战略投资，并将其与数据平台进行集成。我们将在下一章中详细讨论以下内容：即使在今天，大多数公司仍孤立地运作，客户将公司视为一个统一的实体，但在公司内部跨部门和职能的系统与数据通常都是零散的，影响了数据的聚合，延迟了结果的生成，并且无法利用分析和人工智能的强大力量。

数据平台以及与之合作的组织应该是模块化设计的，避免成为孤岛。接口的设计对于确保代码和组织的模块化至关重要。清晰的界面（界面是接口的一种形式）方便以模块为单位进行分散式创新。只要制定了共享数据和功能的标准，每个模块都可以独立改善其核心功能。API 可以解决创新问题，并且使独立的敏捷团队或单个开发人员能够专注于具体任务而不会破坏整体的一致性。

如果数据要提供给外部合作伙伴，则一致（且安全）的数据平台尤为重要。阿里巴巴的在线商城淘宝就是一个很好的例子，平台上有超过 10 亿件商品，这些商品都是由第三方供应商提供的。公司要与内外部用户实现数据共享，唯一安全有效的方式就是通过清晰而安全的 API，这些 API 可以支持所需的一系列功能。

一个阿里巴巴内部开发人员或外部的淘宝卖家可能要订阅 100 多个不同的数据平台软件模块，这样他们就能够上传库存信息、设置价格（手动或自动）、跟踪消费者评论和安排发货等。精心开发的 API 不仅使淘宝的工程师有时间继续开发和改进内部系统，服务于数十亿个用户和数百万个商家，还通过软件供应商生态系统释放创造力，以提供大量附加服务。[16]

最后，利用精心设计的数据平台建设先进的人工智能工厂，可以提高组织进行数据治理和应对重大安全挑战的能力。

从用户、供应商、合作伙伴和员工那里捕获的海量数据极具价值、敏感且私密，绝不可以临时存储。组织需要建立安全、集中的系统以确保数据的安全并对数据进行治理，确定合适的检测方式，平衡数据的访问和使用，仔细盘点资产并为所有利益方提供必要的保护。

作为数据治理基础问题的一部分，确定清晰、安全的 API 对于人工智能工厂来说至关重要。毕竟，API 会限制进出人工智能工厂系统的数据流。如果公司愿意把数据和功能提供给内部和外部开发人员，可将 API 作为一种控制方式。API 控制着对组织内部某些最关键和私有数据资产的访问，这就使得公司不得不提前确定哪些重要资产只能供公司内部使用，哪些可以提供给公司外部使用。通过 API 流动的数据既可以造就也可以破坏一个数智公司。之前发生的剑桥分析丑闻⊖，很显然是因为开发和管理人员的失误，Facebook 平台 API 出现了重大漏洞，导致外部应用程序开发人员能够访问的数据量远远超过了公司事先设定的。

最终，人工智能工厂的数据、软件和连接性必须在安全、强大和可扩展的计算基础架构之内配置。该基础架构越来越多地转至云上，可以按需扩展并使用标准的现成组件和开源软件构建。此外，它需要与构成公司运营模式的许多独立流程和活动实现无缝连接。最后，这些核心数字流程塑造了价值传递方式，例如，创建、推荐、选择和交付网飞服务，计算费用或跟

⊖ 剑桥分析是一家政治咨询公司，2016 年美国总统大选时 8700 万个 Facebook 用户的数据被不当泄露给该公司来帮助特朗普。——译者注

踪网飞合作伙伴的业绩。

建立人工智能工厂

　　要想建立人工智能工厂，并不一定要成为网飞。作为哈佛大学创新科学实验室（LISH）的教职主任，我们与哈佛医学院和达纳－法伯癌症研究所的同事合作，开发了一套可基于 CT 图像扫描结果来绘制肺癌肿瘤形状的人工智能系统。我们利用学术资金，仅用十周就完成了该系统的部署，它的表现与哈佛医学院训练有素的放射肿瘤专家一样出色。

　　为了开发这一系统，我们利用了 LISH 的人工智能工厂。该工厂本身就是为了创建数据管道和平台架构而建的，用来解决各种问题，不过通常还需要 Topcoder[⊖]众包算法设计竞赛的帮助。LISH 与一些领先组织合作，像 NASA、哈佛医学院、哈佛大学和麻省理工学院及斯克里普斯研究所，共同攻克一些十分艰巨的计算和预测难题。

　　了解肺癌肿瘤的基本状况对于制订有效的治疗方案至关重要。因此，对于要进行放射治疗的肿瘤，肿瘤专家会花费大量时间来绘制它们的确切形状。正确地勾勒出肿瘤的轮廓尤为重要，这样治疗就不会遗漏癌细胞或损害健康组织。LISH 团队与达纳－法伯癌症研究所的雷蒙德·麦合作，利用 461 位患者的数据（包括 77 000 多个 CT 图像切片）实现了这项任务的自动化。

　　⊖　一个程序设计比赛网站。——译者注

　　两位数据科学家（没有医学影像背景的物理学家）利用麦博士的数据（由我们实验室的人工智能工厂清洗和处理）设计了一系列比赛来寻找最佳算法绘制肿瘤轮廓。我们在十周内连续进行了三场比赛，34名参赛者提交了45种算法。我们为参赛者提供了一个"训练"数据集，其中包括来自229位患者的扫描结果，还有麦博士利用扫描图像绘制的完整肿瘤轮廓。我们保留了其余的数据集，想要看一下算法对麦博士工作的模仿有多精准。

　　前五名参赛者使用了多种方法，包括卷积神经网络（CNN）和随机森林算法。令人惊讶的是，我们所有的参赛者都不具有医学成像或癌症诊断经验，他们制订的解决方案都是利用定制和已发布的体系结构与框架，来执行对象检测和定位任务，还利用了最初用于人脸检测的开源算法、生物医学图像分割和用于汽车自动驾驶的道路场景分割技术。第3阶段的算法以每次15秒到2分钟时长的扫描生成分割图像，而人类专家每次扫描需要8分钟，因此算法的速度要快得多。如图3-4所示，这五个最佳算法的组合与放射肿瘤专家（组内观察者）一样出色，要比现有的商业软件效果更好。

　　我们之所以举这个例子，不仅因为我们以此为豪，还因为这足以证明一个组织不必拥有丰富的数据、IT资源或人工智能人才也可以构建人工智能工厂。为了建立自己的人工智能工厂，我们利用了公共资源，获益无穷。我们的研究成果发表在《美国医学会肿瘤学杂志》上，而不是你以为的那样发表在工商类期刊上。[17]

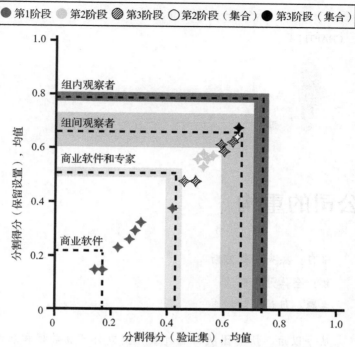

图 3-4　LISH 使用达纳 – 法伯癌症研究所数据分析的竞赛结果

　　我们承认，在小型实验室中发挥人工智能的作用相对容易，因为不涉及大型的孤岛组织或者复杂、陈旧且不相匹配的 IT 系统。在结构复杂的公司里，随着人工智能开始为更多的操作流程赋能，在更庞大的运营模式中如何嵌入人工智能和进行架构就显得越来越重要。这就是为什么公司的运营架构是决策层应该全盘考虑的战略问题，也是下一章要探讨的主要内容。

第 **4** 章

公司的重构

来自：杰夫·贝佐斯

致：全体开发部门

主题：贝佐斯的指令

从今以后，所有团队将通过服务接口公开其数据和功能。团队必须通过这些接口进行沟通。

不允许使用其他形式的进程间通信：不允许进行直接链接，不能直接读取另一个团队存储的数据，不允许使用共享内存模型，也没有后门。唯一允许的通信方式是通过网络上的服务接口调用。

使用什么技术不重要。

所有服务接口无一例外都必须重新进行设计以实现可外部化。也就是说，团队必须进行规划和设计，以便将接口公开给外部开发人员。无一例外。

任何人如果不遵从以上要求都将被解雇。

谢谢，祝愉快！

——杰夫·贝佐斯

2002 年，当亚马逊的首席执行官写这封电子邮件时，这家在线零售商正遭遇瓶颈，公司发展受到严重阻碍。[1] 由于亚马逊维持运营的软件基础设施不堪重负，导致业务流程濒临崩溃。亚马逊经营的产品数量大、种类多（书籍、办公用品、电子产品、服装），并且全部在线销售，而它的网络系统大都是通过收购拼凑而成的，只通过一个共同的首页相连。没有一致的技术或数据架构，也没有一个完整的公司形象，因此亚马逊很难脱颖而出。

贝佐斯的这封邮件是公司数智化转型的种子文件之一。在前面的章节中，我们重点介绍了新型公司的诞生和成长。21 世纪公司的特点不仅仅是利用互联网、采用移动技术或成为"数字原生代"。近些年成立了大量的软件密集型公司，但它们的创建方式很多都是错误的。新型公司建立在不同类型的业务和运营基础之上，架构方式完全不同。

旧式公司依靠的是传统的组织模式，其运营过程由各种专业且孤立的部门分别进行，而数智公司则依靠集成的、高度模块化的数字基础。信息技术不仅仅推动和优化传统的流程与方法，还用软件构成公司的实际运营核心。在数据管道及算法的推动下，软件取代了传统的劳动密集型和资产密集型组织，构建了向公司客户交付价值的关键路径。有了这些数字基础，公司就有能力使基于规模、范围和学习的回报不断增长，完全能够击败传统的商业模式。

如果不把人工智能工厂嵌入运营模式来发挥作用，哪怕再先进的人工智能也无法兑现承诺的价值。贝佐斯在这方面的直觉非常灵敏，他认为亚马逊可持续发展的关键在于转变其运营架构，该架构定义了运营模式各组成部分之间的界限和联系。他懂得数智公司需要有不同于传统公司的运营模式，其架构以软件、数据和人工智能的集成核心为基础，为新型组织提供动力。

为了揭示贝佐斯这封邮件的重要性及其对现代公司设计的影响，接下来我们先用较短的篇幅介绍一下运营模式的发展历史及其与组织和技术架构的关系。

贝佐斯与镜像假说

管理学中最有趣的研究领域之一是组织结构与组织技术系统之间的关系。简而言之，组织与系统互相映照。这一看似简单的论点对企业的发展意义重大。

1967年，一位名叫梅尔文·康威的计算机科学家指出，一个系统的架构受到其组织自身交流结构的制约。[2]康威定律基于以下推理（在大量经验证据的支持下）：如果想让集成的技术组件设计得当，设计师必须经常交流。因此，现在人们普遍认为，相互关联的任务最好由集成的团队来执行，最理想的状态是彼此相邻。[3]这就是软件开发的组织形式是敏捷功能团队而不是职能团队，以及制造甚至财务和专业服务都被划分到执行相关任务的部门中去的原因。

这种框架被概括为镜像假说，根据这一假说，"项目、企业或企业集团内的组织纽带……与执行任务的技术结构相匹配"[4]。除了设计任务，系统架构形式还反映了它所支撑的组织架构。

对于公司而言，这种关联性互相强化，成了一项重要资产，可以提高工作质量和效率。当组织执行类似任务时（例如，设计和生产各种型号车辆的车门把手），它会开发出高效的执行方式。这些技能已经嵌入技术、流程和例行程序中，这样组织就能够随着时间的推移而变得独一无二、与众不同。经过多年潜心实践，丰田的生产系统（TPS）就已经被嵌入组织结构之中。通过强化激励和绩效考评体系，这些模式有助于提升日常工作绩效。

逐渐地，公司完成类似任务的效率越来越高，但同时这些模式也会成为惯性，形成对组织的约束，阻碍公司进行调整以应对变化。哈佛大学的丽贝卡·亨德森和金·克拉克在1990年的一篇论文中指出，架构创新（需要在技术组件之间更改架构）对于成熟的公司来说是特别危险的。[5]他们的观点可在许多案例中得到证实，其中就包括RCA[⊖]。即使面对来自索尼（从RCA获得的技术许可）的竞争，RCA也未能重新设计并缩小其台式收音机和音乐设备的尺寸。其他例子还包括IBM无法从大型机过渡到PC，以及微软无法将PC配置为智能手机。架构惯性（对调整的抵抗力）的概念又为克莱顿·克里斯坦森的颠

　　⊖　一家美国的广播唱片公司。——译者注

覆理论提供了依据。[6] 根据颠覆理论，组织与现有客户的关联形成了架构惯性，正是这种惯性阻碍了组织有效地应对破坏性变化。[7]

这些观点和理论虽然内容不同，但基本原则是相似的：随着组织习惯了以某种方式工作，它会形成一套相互加强的例行程序和系统，基本上会以固定的方式处理问题。因此，架构惯性使组织难以转型及以新的方式安排工作。

最重要的是，在过去的三四十年中，架构惯性已与企业信息技术交织在一起，企业 IT 已沿传统的运营和组织边界进行了大规模部署。我们拥有总账系统、营销"自动化"软件、客户关系管理软件、产品生命周期管理以及企业资源计划软件，每一个都与传统公司的既定组成部分完美契合。虽然提高了效率，但这种组件化会限制信息技术发挥系统性作用，同时也限制传统公司的规模、范围和学习潜力。

贝佐斯在撰写如此清晰而具有启发性的邮件时，试图打破架构的惯性，包括技术架构和组织架构。贝佐斯意志坚定地要改变亚马逊的运营架构，为打造软件、数据和人工智能驱动型公司奠定基础。

在探索新模式之前，让我们快速回顾一下运营模式的历史渊源，并且了解传统运营架构为何形成现在这种根深蒂固的模式。

历史回顾

早在信息技术出现之前，公司就已经形成孤立的操作架构，包括专业化的自我管理功能和操作单元。运营模式的产生至少可追溯到意大利文艺复兴时期，当时组织被划分为更小的独立单元来对复杂的运营活动进行管理，每个单元专注于单个的任务和领域。[8]每个单元都具有高度的独立性，可以最大限度地提高灵活性并使沟通负荷最小化（极其缓慢的过程）。

分布式商业运营架构的最早案例可以追溯到 15 世纪。在意大利的普拉托，羊毛和纺织品贸易运营流程分布在许多专门的生产、分销、银行和保险机构中。[9]这种运营模式是在专业组织的松散联合状态下运行的。有些组织之间的关系是通过家庭纽带相连的；有些组织的结构更为正式，业务合作伙伴共同拥有资产，从而有效地创建了具有多功能结构的控股公司。这些"原始"组织发展了一种高效的运营模式，并且确立了在欧洲的领导地位。

最早的公司

第一家现代公司大概就是成立于 1602 年的荷兰东印度公司。它是由七家互相竞争的贸易公司合并而成的，通过整合各航运组织并对每次航行进行风险管理来实现规模经济。但是为了对广泛的业务进行有效管理，该公司发展成多部门的结构。整个组织被划分为不同的部门，涉及不同的专业领域，分布在不同地区且高度自治，因此该公司的运营具有跨国且多领域特征，并且不会出现沟通迟缓和管理混乱的情况。它孤立的操作架构和灵活的管理方法很好地适应了公司分布在不同区域的现状。

该公司成长为一个强大的经济实体，它首先在亚洲、非洲的港口垄断了肉豆蔻和丁香等香料的贸易，随后涉足丝绸、棉花、瓷器和纺织品贸易。到 1670 年，该公司或许已是世界上最富有的公司，拥有近 200 艘货船，雇用了五万多名员工（以及相对庞大的私人军队），建立起一种主导全球贸易的复杂运营模式。[10]

尽管在 17、18 世纪，贸易和金融服务变得更加复杂，但是生产过程并没有太大的发展。在传统的工艺流程（也称为"打磨装配"）中，所有零件都由技术行家手工制作并进行微调，即"打磨"每个零件以使其"配适"到整件中。

大规模生产的兴起

工业革命变革了生产技术。从英国到美国，大规模生产的出现推动了专业化和标准化浪潮。与以往手工生产不同，批量生产意味着每个工人都专注于生产过程的某个部分或阶段。这样，运营模式就受益于专业化和重复性，这有助于扩大规模优势和提升学习速度。这种方法依照工作性质或领域促成了组织内部的专业化，从而进一步细分了公司的运营架构。

真正实现大规模生产和工业化的是汽车行业，最突出的是福特汽车公司。亨利·福特从 12 位投资者那里获得了 2.8 万美元的启动资金，于 1903 年在密歇根州的迪尔伯恩创立了这家汽车制造厂。福特的愿望是让汽车变得实用、价格亲民，家家都能用得起。福特敏锐地意识到这是一个商机：设计和生产一款价格能够被数量庞大的中产阶级所接受的汽车。

到了 1908 年，T 型车（更名为 Tin Lizzie）被设计出来并开始批量生产。这款车高效、耐用、可靠且易于维护，通常被看作美国大多数消费者所拥有的第一辆汽车。随后订单纷至沓来，福特不得不寻求一种新的价值交付方式。

福特于 1913 年在高地公园工厂引入了第一条移动底盘装配线并进行了生产改造。以往汽车在固定的小隔间内组装，工人们来来回回安装每辆车所需的组件。在新型装配线上，工位是固定的，待装配车辆依次经过每个组装工人。每个工人执行高度专业化、越来越单一的装配任务。在传奇人物弗雷德里克·泰勒的帮助下，福特流水线上 T 型车的装配时间缩短为原来的 1/10。这一进步又大大降低了生产成本，价格也随之下降了一半还多，到了 1918 年，美国大街上跑的汽车中有一半是 T 型车。

福特通过推行前所未有的标准化和专业化而成为美国最大的制造商。它的运营模式是将专业职能和相关的孤立组织分解为最小、最专业且标准化的工作单元。

20 世纪的运营模式

福特的运营模式引领了汽车行业数十年。随着时间的流逝，通用汽车公司通过生产的多样化从福特那里夺走部分市场份额。为了扩大产品种类，通用汽车公司划分了不同的产品部门，其中包括雪佛兰、别克、GMC[⊖]和凯迪拉克，每个部门专注于自己专业化的装配生产线。这些高度自主的产品部门使通

⊖ 一款专为商务人士打造的豪华型商务旅行车。——译者注

用汽车公司能够满足不同客户群体的特定需求。[11] 现在，划分各个部门的依据不仅是更细分的功能，还有更细分的产品。

通用的模式在 20 世纪五六十年代一直占据统治地位，直到新一代竞争对手（其中多数来自日本）推出了生产效率更高、质量更好的汽车。它们的成功源于对运营模式和运营架构设计的进一步完善。丰田 TPS 运营模式有益于组织内部各个层面的学习和问题解决。丰田模式回到了行业中传统的狭义专业化，但众所周知，这种模式很难被模仿和复制。虽然丰田汽车完全向外界开放工厂车间，并且出版了很多有关书籍，还与其他汽车公司成立合资企业，但其模式仍难以被复制。

20 世纪的美国和欧洲，除了汽车行业，其他大多数制造业也迅速实现了大规模生产。随着工人和组织的专业化以及产能的增加，制造业运营模式带动规模经济不断增长。随着运营量的增加，效率（还有质量，由于专业化对生产的改进）也得以大幅提升。此外，足够大的产量使学习成为可能，从而进一步提高了生产效率。从武器到纺织品，从农业到保险业，在诸多制造业和服务业中，这些经济体几乎都摈弃了传统的生产经营方式。

随着时间的流逝，大规模生产的概念（如专业化、聚焦和标准化）也被广泛地应用于服务业。值得注意的是，超市的发展依赖于过程标准化以及采购和配送的规模经济，而像麦当劳这样的快餐连锁店在供应链和食物制作方面都依赖高重复性工作和规模效率。专业化和标准化提高了连锁酒店、银行、能源公司、保险公司、医院及航空公司的效率。

在今天的制造业和服务业中，高度专业化的孤立运营模式仍然发挥着重要作用。例如，苹果手机是由富士康在中国组装的。富士康在郑州的工厂占地 2.2 平方英里（约为 5.7 平方千米），雇用的工人多达 35 万人，他们的工作高度专业、细分和优化。富士康工厂总共有 94 条生产线，组装一部手机大约需要 400 个步骤，包括抛光、焊接、钻孔和固定螺丝。该工厂每天可生产超过 50 万部手机，也就是说每分钟约生产 350 部。尽管此类的现代化生产线可由信息技术赋能（跟踪零件和产品，分析问题或利用机器人进行组装），但现代运营模式仍然需要在产品和流程的开发中设计标准化、可重复的工作来驱动规模增长。

我们再次强调，企业的 IT 部署并没有改变运营模式的驱动路径。在几次应用浪潮中，从 20 世纪 60 年代和 70 年代的大型机到 20 世纪 80 年代兴起的客户端 – 服务器模式，再到 20 世纪 90 年代基于互联网的早期系统，IT 系统（如甲骨文财务系统和 SAP 产品生命周期管理系统）改善了许多传统运营流程的性能，但总体上这些 IT 系统体现了公司孤立的专业架构。尽管技术可以提高效率和响应能力，并且能在各个运营单位之间促进规模经济、范围经济的发展和学习能力的提升，但是并没有改变企业结构。

在许多公司，流程、软件应用程序和数据仍然被嵌入孤立的、基本上自主管理的组织单位中（见图 4-1）。我们在对大多数主要企业进行研究时发现，IT（最关键的是数据）的应用呈分离式且标准不统一，这是现有的部门划分以及一直采用的高度专业化且通常不兼容的旧技术造成的。大公司通常使用数千个应用程序和 IT 系统，使用各种分散的数据库来支持各种数据模型和结构。跨职责部门的数据集成（不重新配置整个系统）是一个漫长的、复杂的且容易出错的过程，它需要大量的专项投资和自定义代码。难怪许多此类项目都遭受延时和成本超支的困扰。

图 4-1　孤岛式孤立结构

传统的运营限制

从东印度公司到通用汽车公司再到麦当劳，运营模式的自主性和专业性都得以增强，并带来高水平的生产力和创新能力。这些公司都获得了巨大成功，但也存在明显的局限性，因为运营扩展的复杂性最终超过了每个组织的应对能力并导致竞争出现。传统的运营架构严重制约了公司发展和价值增长。通用汽车公司的生产追求多样化和差异性，丰田改进生产流程并奉行质量理念，相比之下福特的规模化生产则问题多多。即使是丰田的生产系统也很难处理快速发展带来的日趋复杂的管理问题，在 21 世纪头 10 年中期丰田多次召回产品正说明了这一点。[12] 最终，随着传统组织的不断扩展，它们遭受了规模、范围和学习方面的掣肘。

组织的扩展会使组织管理日益复杂、困难，就会出现官僚作风、效率低下，于是就引入规则、激励和奖励，而这些又会逐渐成为惯性。规模过大、范围（品种）太广（太多）或对学习和创新的要求过高会使组织无法良好地运作，导致效率低下甚至彻底失败。也就是说，当工厂达到最佳规模后，规模的继续扩大就会让工厂变得难以管理。当顾客数量超出了员工及系统的承受能力时，餐厅运营就达到了规模和范围的上限。甚至研发组织和产品开发团队也会因规模过大导致生产力和创新性受损。这些因素决定了组织的最大有效规模会对组织的增长程度有一个总体限制。

值得注意的是，传统信息技术并不能有效解决这些问题。随着传统企业建立越来越多的独立部门，随之也部署了无数个IT 系统，从客户关系管理软件到总账软件，每个系统负责特定的功能。如果要把分散的遗留系统集成在一起，需要利用自定义软件谨慎地操作，而自定义软件逐渐就会形成惯性来抵抗可能的变化，因此集成和聚合各种软件并把有价值的数据进行整合真的是一项耗时且费力的工作。

简而言之，企业会受其运营模式的影响和限制。这些模式有助于处理复杂性和增长性问题，但仅限于有限范围之内。传统的职能结构和孤立的运营模式也会使企业的承受力达到极限，进而减少规模、范围和学习带来的回报。尽管几代人不断探索如何改进企业管理和运营，企业也广泛部署了 IT，运营模式的复杂性还是会限制传统企业的价值交付（见图 4-2）。

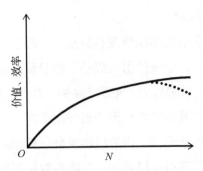

图 4-2　传统企业交付价值的能力

注：N 代表各种变量的参数，如平台上用户或互补者的数量。

艰难而又至关重要的转型

在贝佐斯写那封重要邮件之前，亚马逊看起来更像一家传统公司。它的组织、数据和技术已演变为孤岛，重点零售区域呈分散状态，由几个互不关联的独立部门管理。部门之间偶尔进行沟通，还经常是突发性的，就是为了临时解决问题。这样一来，亚马逊业务的可扩展性和范围直接受到了限制，它需要进行重大的架构变革来解决这些问题。

贝佐斯深知在使用软件处理业务时，使用不同版本的代码简直是一场噩梦。此外，跨系统和功能的分散数据会影响数据的聚合，破坏数据管道的完整性并阻碍对客户全景视图的勾画。好在他对这些问题有出色的见解，那就是在支持传统的运营任务（如供应链和销售运营）的同时，亚马逊可以从软件开始重新构建这些任务。他的愿景是建立最佳的软件和数据驱动运营模式，以将其零售业务发展到前所未有的规模、范围和学习水平。但同时他也意识到，要扩展由软件和数据驱动的组织，必须打破组织和技术孤岛。图 4-3 追踪了整个转型过程。

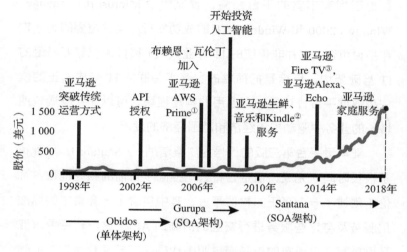

图 4-3　亚马逊的时间线

注：曲线描述了亚马逊的股价。Obidos、Gurupa 和 Santana 是亚马逊构建的系统，以实现其运营能力并符合其规模、范围和学习目标。
①亚马逊推出的一种付费会员制度。
②亚马逊开发的一款电子阅读器。
③亚马逊设计的一款电视盒子。

　　贝佐斯试图同时对亚马逊的技术和组织进行重构。贝佐斯意识到软件功能已经足够成熟，足以运行亚马逊运营模式的重要组成部分，于是在软件平台上重建了亚马逊的零售业务，该软件平台逐渐嵌入最先进的人工智能工厂。组织同时根据新的架构边界进行转型，重点是在明确的界面内广泛部署敏捷团队。

　　从 21 世纪头 10 年初期开始，亚马逊的转型硕果累累，但同时也出现了大量问题。平台的第一次重新设计没有达到预期效果，于是公司聘请了当时微软的软件主管布赖恩·瓦伦丁。瓦伦丁拥有丰富的平台经验，曾监管了 Microsoft Exchange、Windows 2000 和 Windows XP 的成功发行。至关重要的是，软件平台负责人（并非传统的 IT 专业人员）被授命重建亚马逊的 IT 基础架构，目标是把孤立的、互不关联的 IT 变成真正的软件和数据平台，这是一套通用的构建模块，可以在亚马逊快速增长的业务中驱动规模经济和范围经济的发展。

亚马逊平台第三版的代号为"桑塔纳"（Santana），尽管花了很长时间才完成，但是它将公司推向了目前的领先地位。瓦伦丁创建了一个真正的软件平台，其中包含了一套集中的标准化服务及与这些服务进行交互的清晰的 API。这一转变要求亚马逊重写几乎所有的电子商务服务代码，而新平台虽然功能强大，但其构建和投入使用所需的时间比预想的要长。[13]

亚马逊重新设计了零售平台，将开发组织转变为模块化分布式结构。"两个比萨"敏捷团队（为了减少不必要的会议，贝佐斯规定一个团队的人数不能太多，以两个比萨刚好够吃的规模为宜）在遵从架构规则的前提下可以独立工作，这些规则使团队能够共享通用代码并跨程序聚合数据。因此，亚马逊的结构为各团队提供了共同的工作基础，并且至关重要的是，这可以聚合数据来促进机器学习和人工智能的发展，同时保持了小型团队的敏捷性。

桑塔纳使贝佐斯跨上一个新台阶，迅速建立了数据管道和大量世界级的人工智能应用程序。从推荐引擎到亚马逊 Echo

和 Alexa，该公司已在所有部门中部署了人工智能。尽管亚马逊在基础人工智能研究方面从未领先过（谷歌和微软领先），但是该公司已成为技术应用权威，它在业务的各方面都应用了最新技术并使其发挥了巨大作用。

众所周知，亚马逊的人工智能秘密武器是云服务部门——亚马逊网络服务（Amazon Web Services，AWS）。为了服务百万数量级的客户，AWS 的使命是开放信息服务（包括计算、存储和数据库），而人工智能工具包也朝着同样方向发展。2015年，AWS 开始为其客户提供亚马逊机器学习服务，并且迅速利用 Alexa 的创新技术提供语音识别、文本－语音转换服务以及自然语言处理界面。

很快，一些客户（如 NASA 和 Pinterest[⊖]之类的大型组织，以及众多的初创企业）开始针对自己的情况部署人工智能工具并取得了长足进步。亚马逊现在提供软件工具包 SageMaker，通过使用由亚马逊开发并预先打包的系统、算法和工具，客户可以从数据中获得对问题的深入了解。人工智能重塑的范围如此之广，以至于亚马逊自己的内部机器学习会议的参加者已经从几百人增加到几千人，并且有望成为公司最大的内部活动。

整个经济体系内正在兴起一场范围更广的转型潮，亚马逊在运营架构方面的转型属于最早的一拨。从蚂蚁集团到谷歌都在设计新一代的人工智能驱动型公司。此类公司具有新型运营模式，通过软件聚合、数据和分析来驱动规模、范围和学习，敏捷团队则专注于开发整个组织中的具体应用程序。这些运营

⊖　美国的一家社交网站。——译者注

模式与数百年来的公司发展模式大相径庭，呈现出截然不同的架构形式，对传统公司的生存构成了威胁。

人工智能公司的架构方式

如何构建基于代码而非人工的组织呢？我们必须记住，数字系统（称为数字主体）与人类的不同之处在于它可以与无限量、任何位置的其他数字系统以零边际成本进行交流。而且，同一个数字主体可以与其他许多主体的互补性活动轻松相连，从而可以形成大量的潜在组合。另外，数字主体还可以在处理数据时嵌入指令（不仅可以执行运算逻辑，还可以学习和改进自己的算法）。

数字主体可能（还）不如人类聪明或具有创造性。但是，数字主体不需要自我管理或相互隔离来降低可见的复杂性、解决规模问题，或者限制复杂的交互活动出现。只要数字系统采用精心设计的通用接口，它们就可以相互连接并把各种功能进行组合，这样其应用潜力几乎是无限的。

我们讨论的不是有限的而是可能无限的连接。想想万维网，它通过一组灵活通用的网络接口与无数网站相连。现今许多网站的交流方式，最初的设计师们做梦也没想到。同样，iOS 和安卓平台连接了从健康、健身到金融服务的数百万个分布式应用程序和服务。它们提供的功能几乎是无限的。因此，数智化运营架构几乎不需要各个子单元之间进行功能分离或硬性分隔，相反，它们受益于无限的连接性和数据聚合，这样，分析功能会越来越强大。

　　如果采用数智化运营模式，组织设计应着眼于如何释放数字技术的潜力（见图 4-4）。这意味着要创建一个包含数据和技术的基础（或平台），一个可以轻松、快速部署的平台，以应用程序的形式创建或连接到新的数字主体，而这些程序适用于各类使用场景。

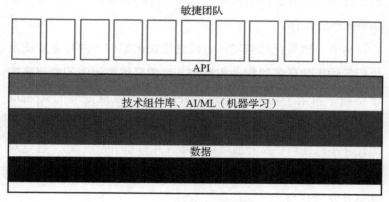

图 4-4　人工智能公司的运营架构

　　理想的状况是拥有一个数据、软件技术和算法的共同基础，正如第 3 章所述那样，由人工智能工厂提供。此基础提供了易于访问（必须经过精心设计并且保证安全）的界面，开发人员可使用此界面来开发单个应用程序。这些应用程序与基础平台相连，以完成从客户关系管理到供应链的运营任务。这些应用程序的开发是由具备数据科学、工程和产品管理能力的小型敏捷团队负责的，敏捷开发流程和数智化运营架构是相辅相成的。

现代运营模式还具有通过学习不断提高绩效的特点。尽管有些学习是实时进行的（如根据数据微调推荐和定价算法），但很多学习也可以发生在专用的实验平台上，如第 3 章所述。每天企业员工可能参与几百次甚至几千次的 A/B 测试或随机对照试验，以了解如何调整服务来促进顾客消费、提高其满意度并最终带来更多收入。数据需要集中，但实验却是高度去中心化的。几乎任何有想法的人都可以进行现场实验，并且利用实验结果来改进工作。

另外，数智化运营模式应促进模块化运作，并且重复使用执行各种运营任务的软件和算法。这需要使用一致的框架来构建功能，如用于用户界面的 React 或用于数据处理的 Apache Storm。有趣的是，由于竞争优势将转移到公司的数据积累上，因此许多软件可以从开放域中获取（并有益于开放域）。在这种新兴的公司模式下，我们从专注于专有技术和软件转变为注重共享开发和开源。

打破传统约束

在数智化运营模式中，员工不直接提供产品或服务。相反，他们设计并监督软件的自动化，利用算法驱动的数智"组织"进行货物的实际交付。这消除了传统运营瓶颈对公司规模、范围和学习潜力的限制，从而改变了增长过程。

从关键路径中去除人际互动对运营模式具有至关重要的影响。数字主体为额外用户提供服务的边际成本可以忽略不计，这样就改变了增容方式，使扩展更加容易。此外，许多运营的复杂性问题可以通过软件和分析解决，也可以外包给公司运营网络的外部节点。因此，只要你继续为技术基础架构增加计算能力和存储容量（现在主要基于云且按需提供），并且向人工智能工厂管道添加数据，算法驱动的运营模式就可以无限扩展。

数字技术本质上也是模块化的，它可以轻松实现更多的业务连接。完全数智化的流程可以轻松地接入合作伙伴和供应商的外部网络，甚至接入个人的外部社群，以提供附加的互补性价值。因此，数智化过程本质上是多边性的，能够在很大程度上扩大运营范围。在一个域中实现价值交付后（如收集与一组消费者相关的数据），可以将同一过程连接到其他应用程序中实现价值驱动，从而促成服务数量和交付价值的成倍增长。这就是蚂蚁集团和亚马逊的经营方式。

随着学习效果不断扩大规模收益，数智化运营模式创造的价值也可以迅速增长，这就是分析和人工智能的耀眼之处。人工智能和机器学习（ML）依靠数据而蓬勃发展，并且随着机器学习模型的进化，用来进行学习的数据量也迅猛增加。规模（甚至范围）的扩大和数据量的增加也会使算法更精准，公司就能创造更大的价值，而这又可以用于开发更多的用途，进而生成更多的数据。对于像亚马逊 Echo 或 Facebook 广告网络这样的数字赋能的产品或业务，机器学习有效地改进了公司对用户的价值交付方式。

另外，这种新型组织改变了管理部门的角色。管理部门的监督任务，尤其是对从事重复性工作的员工的监督终于结束了。在以人工智能为动力的运营模式中，管理者是设计师，他们负责塑造、改进和（希望）控制能够获悉客户需求并通过价值交付进行响应的数字系统。管理者是创新者，因为要由他们来设计数字系统的发展。管理者也是集成者，他们的工作是连接不同的数字系统，并且确定公司的运营模式与所服务的客户之间的新连接。管理者还是守护人，他们需要维护数字系统的品质、可靠性、安全性和责任感。以人工智能为中心的数智化运营模式几乎挑战了所有传统的管理和运营假设，迫使我们从根本上重新考虑公司及其管理团队的性质、发展能力以及各种限制因素。

但是，尽管以数据为中心的运营架构具有巨大的业务潜能，促进了人工智能公司的发展，但许多传统公司仍在观望。它们下意识地想要保护其业务能力、例行程序和组织边界，这些可能是它们几十年间积累下来的。它们要么看不到存在的架构问题，要么不愿彻底进行组织变革来解决问题。坦白地说，成为阻碍的并不是技术因素。正如人们所体会到的那样，要进行组织变革真的是道阻且难。

下一章我们将探讨如何成为人工智能公司。

5

如何成为人工智能公司

坚定信念，保持耐心。

——萨提亚·纳德拉

2011 年 2 月 9 日，是萨提亚·纳德拉运行微软服务器和工具组的第一天。傍晚时分，一天的工作就要结束了，碰巧我们中的一位（马尔科）正与朋友兼同事格雷格·理查兹一起经过纳德拉的办公室。理查兹刚刚与一些服务器和工具产品经理召开了重要会议，想顺道去打个招呼。[1]他们向纳德拉的办公室里瞅了一眼，纳德拉便挥手让他们进去。

于是三个人便讨论起公司未来的业务。当时，微软服务器和工具创收超过 150 亿美元，几乎全部源于两个产品——Windows Server 和 SQL Server，它们都是传统的"预制"软件。问题是纳德拉对 Azure（微软的云服务）的信心到底有多大。当时 Azure 已经上市两年，但被普遍认为不甚成功，格雷格和马尔科也持怀疑态度，纳德拉却信心满满。"云是我们的未来，公司根本别无选择。我们会让它大放异彩。"纳德拉如此承诺。

三年后，纳德拉接替史蒂夫·鲍尔默担任首席执行官，领导微软转型为云软件公司——包括两个基础设施：Azure（已经彻底进行了重新设计，并且每个季度的安装量都在翻倍）和基于云的应用程序，如 Office 365。在纳德拉担任首席执行官的前三年里，微软的股价涨了两倍。

是时候再放大招了。2018 年 3 月 29 日，纳德拉向公司和媒体发送了一份名为"拥抱我们的未来：智能云和智能边缘"的公告。他谷歌的朋友桑达尔·皮查伊在此前不久发表了题为"人工智能优先"的讲话，作为回应，纳德拉也为微软的下一次转型制定了规划：

> 在过去的一年里，我们分享了我们的愿景，即智能云和智能边缘将如何塑造下一阶段的创新工作。第一，从云到边缘，计算能力会更强大，无处不在。第二，在数据和知识的推动下，人工智能正在迅速跨越感知和认知领域。第三，物理世界和虚拟世界将共同创造更丰富的生活体验，了解人们周边的环境、使用的器具、活动的地方、参与的活动及相互关系。
>
> 这些技术的变化对于我们的客户及合作伙伴来说都意味着巨大的商机。有了这些新技术和机遇，我们有责任确保社会的每一分子都能从技术中受益。这就

要求我们创造的技术能够获得用户的信任，无论是个
人还是组织。

今天的公告意味着我们即将整装待发，在所有解
决方案领域把握机遇、承担责任。[2]

这几段后面是一系列更具体的公告，描述组织变革和新
的领导者角色。微软的第二个主要运营模式变革用不了十年时
间，已经开始着手实施了。

微软的双重转型是巨大的变革，但绝不是孤立现象。那些
已经创立了几年的科技公司几乎都经历了至少一次运营模式和
商业模式的全面转型。亚马逊、谷歌、阿里巴巴、网飞和腾讯
都曾多次重塑自己。

但如今，对转型的需求不仅仅出现在科技公司，它正变
得与嵌入数字技术一样成为必要。对于传统公司来说，要改造
成一个以软件为基础的人工智能公司就是要成为一个全新的组
织——一个习惯于持续变革的组织。这不是重新打造一个组
织、偶尔建立个"臭鼬工厂"，或者创建一个人工智能部门，
这需要建立以数据为中心的运营架构来改变公司的核心构成，
由敏捷组织来支撑它的持续发展。

本章的重点是分析如何由传统公司转型为人工智能公司，
以及转型的意义何在。我们首先关注微软的革新举措，了解一
下它是如何推动商业模式和运营模式革新的。然后，我们把一
些重要的经验教训总结为五项原则，这些原则不仅来自微软，
还来自我们研究调查过的其他数百家公司。本章的最后一部分

主要聚焦本项研究成果的其他方面，包括核查转型过程，扩展
分析公司转型对其他公司造成的影响。在结尾部分我们将介绍
富达公司的转型。

改造微软

当纳德拉接任首席执行官时，微软正增长乏力。曾经有
一段时间微软如野草般疯狂扩张，几乎每台台式机上都安装
有 DOS、Windows 和 Office，但后来微软面临着互联网时代
的一系列竞争威胁，并且受到了严格的反托拉斯审查。后来比
尔·盖茨逐渐退居幕后，史蒂夫·鲍尔默领导的微软一直缺乏
创新火花。从 Windows Vista 的种种问题到 Zune 音乐播放器出
现的故障，从差强人意的 Windows 8 到灾难性的诺基亚收购，
都没有什么值得庆祝的业绩表现。

微软一度迷失了方向，也许最令人担忧的是它与软件界的
关系。微软的开发者生态系统一直是公司成功的核心。当年比
尔·盖茨和保罗·艾伦在阿尔伯克基的一间小办公室里成立了
微软公司，为第一代微型计算机开发编译器。当人们打开一台
早期的苹果计算机时，常常会忘记使用的是微软 BASIC。随着
时间的推移，微软催生了一个蓬勃发展的 DOS 开发者生态系
统，然后是 Windows 开发者生态系统，这使数百万人能够编
写 PC 应用程序，将个人计算机转化为无处不在的平台。当时，
开发者社区被认为是微软最重要的资产。

当纳德拉担任首席执行官时，他意识到微软已经失去了

对开发者的关注和技术优势。随着微软开发者社区的萎缩，其平台地位正在逐渐消失，开发人员转向 Linux 和其他开源替代方案。整个商业界都在软件、数据和人工智能的基础上进行重建，而微软作为可供选择的平台，迷失了自己发展的方向。因此微软不仅需要新的战略，还需要新的使命。

新的使命和战略

在规划微软新的使命和战略时，纳德拉回到了公司的最初定位。他向我们解释道，"首先，我们需要更新目标感和认同感"[3]，微软将再次成为一家旨在推动其生态系统生产力的技术公司。新使命的设想不仅大胆，而且也符合公司的初心。纳德拉还告诉我们，微软是"一家技术公司，其使命是使地球上的每个人、每个组织都能有更大的作为"。

这一使命催生了一个新的战略。微软正在成为人工智能时代的生产力平台，每条产品线都是如此——Office 365、微软 Dynamics（企业资源计划和客户关系管理软件）和 Azure 服务组合。微软的领导者强调了对使命和战略的坚定承诺，以及转向基于服务的"消费"导向的重要性（使用次数越多，付费就越多），这是由云架构支持，越来越多地由人工智能赋能的。

成为领先的云供应商也意味着软件架构的革新性发展。自20 世纪 90 年代以来，Windows 开发者生态系统一直在萎缩。那些最具创新力的公司是建立在开源基础上的，通常由亚马逊的 AWS 按需提供服务。变革活动于 2014 年秋开始，纳德拉与斯科特·格思里参观了一整天硅谷101公路两侧的各家初创公司，最后决定微软是时候拥抱开源了。此后不久，纳德拉出现在微软开发者大会上，身上别了一枚徽章，上面写着"微软（中心）Linux"［Microsoft (heart) Linux］。从那时起，微软加大对开源项目的投入，纳德拉和他的团队也持续加大投入力度，并且将自己的许多软件贡献到了开放领域。

随着微软在2018年收购GitHub[⊖]，该战略受到了更多人的关注。GitHub提供了软件项目管理工具，已成为最受欢迎的开源项目存储库。微软正处于开源社区的中心，产生着影响。⁴

当然，也并非所有的微软人都支持纳德拉的战略，但他没有丝毫犹豫。将新战略付诸实践需要实施重大变革，这导致了具有丰富经验的管理人员大量外流。但是剩下的人员与新员工及新领导者共同努力，形成了以新战略为核心的坚定理念。正如负责Azure的微软副总裁沼本健在2019年初所说的："公司内部对于云和人工智能的重要性有了惊人的清晰认识。纳德拉已经沿这个方向搞了大约七年，从那时起我们心里就很明确了，没有备选方案。我们每年仅用于云建设的资本支出就多达五六十亿美元。"

运营模式的重构

围绕使命和战略达成一致可能还比较容易，但很难想象微软在成为云和人工智能公司时会遇到哪些运营挑战。微软的传

⊖ 一个面向开源及私有软件项目的托管平台。——译者注

统业务是软件销售，而云业务需要大量基础设施投资：购买、运输和组装价值数十亿美元的服务器、路由器和数据中心。

所有这些都要通过复杂的供应链进行管理和组织，其规模堪比世界上最大的硬件公司。这需要不懈地进行能力建设，包括各种新流程和系统，还要不断解决各类问题，以及进行管理团队的重大改革。微软必须部署一条响应迅速的高效供应链，足以与拥有全球最佳供应链的亚马逊相媲美。这需要多年的艰苦工作，吸引经验丰富的经理和顾问，规划现有流程，改进原有体系并设计最先进的数智化运营系统。

经过多年的努力拼搏，其间虽遭受过重大损失，但微软的不懈投资逐渐获得回报。运营能力不断增强，交货时间大大缩短，新系统可以检测和跟踪供应链以对出现的差错与延误提供清晰、实时的信息。

基于云的架构体系具有很大的运营优势。云供应商可以根据客户的不断反馈对提供的软件和服务进行改进。只有在实际使用产品的情况下，微软产品的云消耗量才能增加，因此要以客户为中心。

云客户亲密度为分析提供了各种机会。产品虽然是匿名使用的，但微软会迅速获知客户项目是否正在运行，并且能了解哪些功能最有效（或无效）。从客户项目传回的消耗数据能够被追踪并提供关键反馈以改进产品。这些数据资产已集成到日益成熟的微软数据平台，该平台负责数据的输入、保护和处理，以确保其质量和可用性，进而获得各种日益强大的分析能力。反过来，这些结果又会促成重要的服务改进。"一旦从事消费业务，公司便成为客户运营的一部分。责任大如山。"沼本健告诉我们："在任何情况下我们都不能允许系统崩溃，从选举活动到航空公司运营中的关键任务系统。"

核心变革

2011 年，在纳德拉晋升为服务器和工具业务领导者之前，Azure 已经作为一个独立的组织在运行了。这种结构给微软带来了各种问题。Azure 原本被认为是一个新平台，可作为一种服务来提供，但它与微软的其他产品线没有业务联系。此外，由于 Azure 继续构建不兼容的软件并争夺资源和地位，Azure 团队经常与服务器和工具部门的其他团队发生冲突。

纳德拉的第一步就是将 Azure 推向市场。他任命经验丰富的微软高管比尔·莱恩领导 Azure 团队，比尔·莱恩曾是微软传统的 Windows 服务器业务的主管。这一做法将 Azure 从微软的边缘转移至中心位置，以转变公司的核心构成。莱恩亲眼看见了各种传统软件业务因无法革新而关闭，因此他对这一任命颇为理解。

微软投入大量精力重新设计 Azure，使其更易于使用并与传统的微软产品兼容。这次对 Azure 的开发与早期的做法大相径庭，为了充分利用微软的现有优势，Azure 将使传统的公司软件能够轻松移至新平台。此外，微软对 Azure 还进行了重新设计以运行 Windows 和 Linux。微软还采取措施激励客户将一些应用程序迁移到 Azure，因为纳德拉了解到，改变微软核心系统的关键是微软自身客户群的变化。

与莱恩共同领导 Azure 项目的是著名的工程主管斯科特·格思里。格思里上任之初就采取了一系列新举措，其中一项就是让服务器和工具部门的其他管理者也安装 Azure，这样他们就意识到该软件确实问题很大。格思里的任务就是让该平台更加方便好用，并且更容易被微软的老客户接受。

格思里最终接替了莱恩运营 Azure 业务，他不断对该服务进行改进，增强其功能，以便更好地满足业务需求并能够与微软的其他产品兼容。格思里改变了 Azure 组织的结构和流程，甚至改变了其价值体系。他重组了构成工程组织中心的硬件和软件开发团队，打破了以往的部门隔阂。他将所有部门集成在一起，其中包括贾森·赞德领导的 Azure 软件部门、托德·霍姆达尔（后来是拉尼·博卡）领导的硬件部门与迈克·尼尔领导的高级硬件工程部门。

此外，格思里下令整个组织采用敏捷开发方式，并且以凝聚力和业务为中心目标重组产品团队。他要求每个团队确定产品使用情况并解决使用痛点，而不是去提高技术性能。最重要的是，工程组织必须大大提高其对运营的响应水平。拥有云业务"好的"方面是可以不断从使用中获得反馈，以找准问题并促进改进；"坏的"方面是工程组织必须实时或尽可能实时地做出反应。

人工智能优先

随着云转型的持续进行，微软进入了第二个阶段：在其运营基础架构以及产品和服务中分层完善机器学习和人工智能。

在宣布转型后，纳德拉将公司的工程设计分为两个主要小组，格思里担任云和人工智能小组的执行副总裁，拉杰什·贾哈领导体验和设备小组。

当纳德拉传达将人工智能纳入微软运行核心的转变时，微软已经准备就绪。其实在 21 世纪头 10 年早期，微软就已经开始致力于开发功能强大的人工智能，由人工智能与开发执行副总裁沈向洋领导。当时工程团队已经开始与开发团队密切合作，将人工智能技术嵌入微软的每个产品系列中。例如，微软自 2014 年就开始提供 Azure 机器学习服务。纳德拉的发言才真正加速了人工智能技术的开发和相关产品的推出。纳德拉宣布的投资不仅是投资于人工智能相关的项目，还包括改变微软自身的运营模式。

微软开发者生态系统是公司人工智能战略的核心。Azure 的基础设施方便初创公司以及公司的开发人员访问微软强大的人工智能。Azure 机器学习只是微软小娜⊖智能套件的一部分，Azure 团队还引入了多种人工智能驱动的服务——搜索、知识、视觉、语言和语音 API。在 2018 年中，微软推出了 Azure 数据工厂，该产品嵌入了强大的功能，可以快速管理和监督数据集成项目并按需构建数据中心的操作模式基础。

微软转型

微软的人工智能转型需要重塑内部运营模式。微软的数据资产、内部 IT 和运营团队的转型由库尔特·德尔本负责。德

⊖ 微软于 2014 年发布的全球第一款个人智能助理。——译者注

尔本是微软的资深人员，他在离开微软之前曾负责过许多重要的产品项目，包括担任 Office 业务总裁，后来他离开微软去帮助修复 Healthcare.gov（奥巴马政府实施的《平价医疗法案》的重要组成部分）。2015 年，纳德拉说服了德尔本回归微软。尽管德尔本的第一项任务是执行公司的业务战略，但他还接管了 IT 和内部运营，这些组织现在隶属于核心服务工程与运营部门，他还成了微软的首席数字官。重要的是，纳德拉选择了拥有丰富产品经验的人员来运营 IT，并且帮助建立微软自己的人工智能工厂，这是以数据和软件为中心的运营模式的新基础。

微软在很多方面都必须做出改变。传统上微软的 IT 系统也是以响应模式运行的，与大多数其他 IT 团队一样。从安装 CRM 系统到运作帮助台，再到确保公司网络安全，IT 组织长期以来一直专注于部署和维护系统。但是，随着数字技术进入公司的运营中心，开始塑造和驱动关键运营任务并实现自动化，IT 必须能够为这种完全不同的运营模式建立和部署软件基础。文化、功能、进程和系统都需要改变。

为了打造新的数智化运营基础设施，德尔本必须在微软进行 IT 转型。有了清晰的目标之后，在德尔本的领导下微软 IT 进入了主动模式。将 IT 与运营和战略进行集成表明了它在公司运营中的关键作用。"我们的产品就是流程，"德尔本在 2019 年的一次会面中告诉我们，"首先，我们明确所构建的系统和流程要达到什么目标。其次，我们会像产品开发团队一样运作，而且，我们将以敏捷开发为基础。"德尔本将组织名称从

IT 更改为"核心服务工程",并且减少了对外包开发和承包商的依赖。该组织还负责制定预算,而不是采用通常的"交叉收费"模式。此外,他从产品功能中精选线索以塑造新的开发方向并进行能力建设,从产品组雇用了更多的工程师来替代承包商并培育新的开发文化。

德尔本解释说:"我们可以确定公司中所有数据的位置,而一旦明确所有数据的位置,就可以为不同数据源组装数据目录。我们可以从目录中获取数据并将其融合到数据湖中,从而可以构建机器学习模型。尤其要利用人工智能来了解何时会有意外情况发生。过去我们最好的表现就是尽快做出响应,而现在我们可以提前把控,从不良合同到信息泄露。"正如核心平台团队总经理卢多·豪杜克所描述的那样:

> 现在,我们可以从顶层构建人工智能和机器学习模型,搜索全部数据集并进行分析。我们利用组件来构建整个公司的业务流程,其结构是一个水平平台,这与 IT 之前的运营模式有较大的差异。在以前的 IT 运营模式中,许多应用程序和服务都几乎没有实现共享,不同的版本功能类似。我与一位应聘者交谈时绘制了核心服务的示意图,当时绘制出的是垂直结构,而理想的组织是横跨所有部门的水平结构的……此外,核心服务工程组织与微软内部产品团队进行了越来越多的合作,找到了解决问题的新途径。这些联合开发活动与以前 IT 组织的运作方式有根本区别。它的核心服

务通过运营微软产品获得了深厚的专业知识，这些知识又被赋予微软产品，这样微软产品就更完整、更适合企业使用，并且对客户更有价值。

核心服务是微软转型的中心，在一个通用的数字系统上对以往的孤岛部门进行重建。这种运营基础将庞大的组织连接到通用的软件组件库、算法存储库和数据目录，可快速进行整个公司的数智化改造，启用和部署数智化流程。因此，该技术堆栈已成为微软运营模式的基础，使跨销售、营销和产品组的业务流程成为可能。此外，这些投入为微软的客户群奠定了重要的运营模式基础。

公司治理

作为转型的一部分，微软还面临着人工智能更广泛的影响。2015 年 9 月，纳德拉提升微软的长期法律总顾问施博德为微软的新任总裁，施博德不仅要负责微软的公司事务、外部事务和法律事务（CELA），还要解决隐私、安全性、可访问性、可持续性和整个公司的数字包容性问题。施博德曾是一位出色的总顾问，对此类动议都表示支持。施博德与沈向洋一起出版了《计算未来》一书，该书描述了微软对人工智能的理解、人工智能对社会的影响以及技术公司应扮演的角色。

微软的开发与 CELA 部门的合作远远超出了本书探讨的范围。CELA 与开发部门共同制定策略、战略和政策来把控微软对人工智能的使用。正如微软人工智能程序总经理蒂姆·奥布莱恩所说的，"这是公司内部有天壤之别的两种文化的有趣结合"[5]。

随着 2016 年 Twitter 开始使用 Tay，这些工作就变得更加紧迫。Tay 是基于人工智能的聊天机器人，能够与用户进行个性化互动和回答问题，甚至直接将用户说过的话拿来用。随着它对社区推文和聊天内容的不断学习及进行回复，它开始在 Twitter 上发布一系列令人不安的种族主义言论。Tay 在仅仅几个小时内就被关闭，而微软也遭到了猛烈批评。

CELA 与开发团队合作来制定整个组织的新政策，尤其是在与用户和客户进行人工智能交互方面。除了为设计"负责任的机器人"制定明确的指导方针，微软还确定了六项"人工智能原则"：公平、可靠和安全、隐私和保障、包容、透明，以及负责。[6] 随着 CELA 团队成员被纳入从开发到销售的各个环节，这些政策正在对组织产生影响。工程驱动的创新文化与人工智能对社会的潜在不利影响之间存在冲突，微软正在从业界的经验中学习如何管理这种冲突。

转型的五项原则

微软的转型之路表明，虽然改变运营模式绝非易事，但也并非不能完成，甚至还能取得丰硕的成果。实际上，许多传统公司如 Nordstrom[⊖]、沃达丰[⊜]、康卡斯特和 Visa[⊜]，都取得了重要

㊀ 美国的一家高档百货连锁店。——译者注
㊁ 世界上最大的移动通信网络公司之一。——译者注
㊂ 美国的一个信用卡品牌。——译者注

进展，它们对运营模式的关键组件进行了数智化改造和重新配置，并且构建了复杂的数据平台和人工智能功能。

我们想重点强调进行有效转型的以下五项原则。这些原则不仅来自微软的经验，还来自我们对各种组织的观察，来自我们的研究以及对转型工作的实际参与。

一个战略

转型的首要基本原则是战略清晰、全力以赴。在建立集成数据平台或组织敏捷团队时，应明确目标。数智化转型听起来很有趣，但是要实施一个新战略，尤其是涉及转型的战略，就必须认真对待，考虑其可持续性和最终目标是否明确。对整个组织进行调整以推动根本变革是一件非常困难的事，如果领导层没有长期坚持的决心，那么或许就可以考虑跳槽了。

转型的关键是在改变公司的同时使公司上下团结一致。转型并不是要拆分一个自治团体，再组建一个人工智能部门或建立一个"臭鼬工厂"。重新配置公司的运营模式是在新的集成基础上进行公司重建。正如我们在微软所看到的：一个清晰、令人信服的愿景是不可或缺的，还要持续进行强化，通过多部门的共同努力推动部门之间的协调一致，包括销售、市场营销、工程、研究、IT、HR、运营乃至法律团队。随着各个部门之间的互动增强，统一协调变得越来越重要。数据本身没有功能界限，要使公司以分析和人工智能为基础，就需要进行跨功能密切协作来提升效果、降低风险。这不正是一个去除多年来阻碍业务发展的组织孤岛的很好机会吗？

随着各个职能部门之间变得协调一致，巨大的商业模式创新潜力将会爆发。网络、分析和人工智能的结合带来了各种价值创造和获取的新机会。微软的商业模式已经通过云和人工智能得到了极大的扩展，本书中提到的许多其他公司亦是如此。

清晰的架构目标

明确转型的技术目标至关重要。公司的每个人都必须清楚将来的运营架构设想。以数据、分析和人工智能为中心要求有一定程度的集中和高度的一致性。数据资产必须跨程序集成，这样组织才能充分利用转型的优势。此外，零散的数据使隐私保护特别困难。如果数据不全部被保存在单个集中式存储库中，那么组织就必须制定准确的数据目录、明确的数据处理准则（如何保护数据）及明确的存储标准，以便数据可以被多方重复使用。随着组织部署越来越复杂的人工智能来为运营模式提供动力，标准策略、组件和体系结构变得更加重要。

在处理公司原有的组织架构时往往有各种问题出现。转型过程中我们最大的意外（现在回想起来是显而易见的）就是CIO和IT组织的频繁抵制。许多公司IT组织的创建是为了另一个目的：运营复杂的IT后台，以确保一切有效、安全地进行。传统的IT章程不包括创新和转型，并且传统的IT技能集很少包括分析，更不用说人工智能。此外，IT通常是进行事后响应并在公司孤岛组织内运作，这就加剧了管理的碎片化和不一致性。即使在微软，要驱动以数据为中心的新体系结构，也需要对 IT 组织的章程、结构、文化和功能进行重大调整。

敏捷团队：以产品为中心的组织

培养以产品为中心的理念对于以人工智能为中心的运营模式至关重要。与以产品为中心一样，团队如果部署以人工智能为中心的应用程序，就必须对程序设置有深入的了解。这就是为什么在亚马逊和微软负责主要产品业务的都是经验丰富的工程主管，他们要负责开发设计公司运营模式必需的软件。

从本质上讲，构建以人工智能为中心的运营模式就是将许多传统流程嵌入软件和算法中。最终，以人工智能为中心的公司拥有各种人工智能驱动流程，是经过转型的核心服务组织的实际"产品"。

敏捷方法与已转型的以数据为中心的运营架构紧密结合。使用大规模定制程序已成为过去，经过多年努力，每个应用程序都与特定的数据集进行硬链接，由顾问团队进行处理。数据、模型和技术组件在与人工智能工厂相连后便可轻松获得，这样就可以快速构建应用程序，当相关团队充分了解下游设置，并且能快速、敏捷地开展工作时更是如此。

当然，除了采用新的体系结构和组织方法，转型还需要有重大的文化转变。数智化运营模式确实意味着要建立软件文化和观念。这并不是说要在硅谷开设一个办事处，而是要从整体

上改变组织给人的印象，从着装规范到奖励制度，从招募到薪
酬。这可不是试验性或研究性的工作，而是要改变公司的核心
系统。

能力基础

建立以人工智能为中心的公司所面临的最大挑战是要为软
件、数据科学和高级分析能力奠定坚实的基础。当然，建立这
个基础会耗费时间，但是对于少数干劲十足、知识渊博的人来
说大有可为。

更具挑战性的是，组织需要有计划地雇用不同类型的
员工，并且构建合适的职业发展道路和激励机制。如果组织
确定要转型，就需要改变以往的用人机制，因为这类人才在
职场上大受欢迎。不过从微软和富达的经验来看，只要流程
正确，激励措施得当，就可以快速建立分析团队并进行有效
激励。

有一类大家不太关注但同样重要的人员，就是公司雇用并
加以培训的数据和分析产品经理。随着公司的数据开始在全新
的人工智能工厂中进行整合，公司需要培养能够确定重要应用
场景、领导团队开发新应用程序的人才，这非常适合具有业务
背景和相关经验的人员。此外，随着领导力的构成越来越需要
这种技能和能力的组合，数据和分析产品经理发挥的作用将不
断扩大。这可能预示着新一代业务领导者的出现，这类领导者
在公司内部更深入地推广分析和软件思维，并且对人工智能的
影响特别敏感——有益的和有害的影响。

清晰的多角度治理

随着人工智能对于公司的重要性日益增加，它产生的社会影响也会继续扩大，有一些影响已经显现出来。显然，人工智能驱动的服务功能强大、益处多多，但也可能出现糟糕的结果。此外，隐私和网络安全问题除了引发人们的争议和监管，还会推动组织进行相关投入以解决问题。这些问题已成为人工智能驱动型公司的真正瓶颈，还容易使公司遭受突然的、往往是灾难性的失败。

因此，数字治理需要跨专业、跨职能的协作。这样一来，法务和公司内务部门就更加重要，其工作人员不仅要参与诉讼和游说活动，还要参与产品和政策决策。人工智能需要人们对法律和道德风险有深入的认识，还需要有专门人员从事相关工作并能得到公司的大力支持。

除了建立强大的内部治理程序，治理过程还应延伸到公司外部，与合作伙伴和客户以及周围社群构建良好的生态系统。人工智能产生的问题会被其连接的网络加以放大，因此对这些问题要进行广泛、专门的治理，这需要与经济和社会体系的许多相关方一起厘清头绪并共同推动解决。

企业中的数据、分析和人工智能

微软想要进行数智化转型并不稀奇，已经有数百家公司部署了分析和人工智能开发系统。最近几年，我们使用定性案例研究和分析调查方法对多家公司进行了研究。在本节中，我们将介绍一下针对 350 多家公司进行的系统研究，该研究是与 Keystone Strategy 战略咨询公司的团队合作进行的，我们评估了每个组织的数据、分析和人工智能功能，并将研究结果与业务绩效进行关联。[7]

结果表明，虽然这些公司经营的业务范围很广，但都开发出了大量重要的新功能。而且，那些已经部署分析和人工智能的公司确实享受着卓越的业务绩效，这是一个令人感到鼓舞的发现。

我们的研究主要按以下方式进行：跟踪不同公司的 40 个主要业务流程，检查它们在多大程度上能够通过基本分析获知信息或利用更先进的人工智能；我们还检查了基础技术、数据基础设施、分析和人工智能的部署；最后，我们对信息技术架构和数据基础设施进行了分析。所有的单项指标被汇总为人工智能成熟度指数。

该研究主要围绕制造业和服务业的公司展开，公司员工数量的中位数是 6000 人，收入为 34 亿美元。代表公司包括制造、消费品包装、金融服务和零售领域的大多数主要公司。我们的人工智能成熟度指数应被看作数据分析、高级分析和人工智能能力的一般性衡量指标。

不同公司之间存在着较大差异。样本底部的公司使用传统的运营方式：分散的数据资产归属于不同的组织孤岛，数据通常还是以 Excel 电子表格的形式储存。相比之下，位于前 1/4 的公司则很成熟，它们将内外部数据汇总到一个集成的数据平台上，并且利用人工智能和机器学习实现运营自动化，培养业务开发能力。

人工智能运营模式的优势

研究表明，人工智能成熟度排名靠前的公司从各种业务功能数据和分析的投资中获得了可观的收益。我们发现，通过数据可以全面了解市场动态、客户、公司运营、员工能力以及产品和服务绩效，这些有助于决策自动化和复杂问题的解决。

下面我们深入探讨一些具体案例。那些顶级组织会合并数据，最终形成对业务真实情况的报告。此外，它们还在系统中使用商务智能工具和分析模型开发量身定制的客户体验，以此来降低客户流失率，预测设备故障并实时进行各种流程决策。领先公司还使用数据更好地了解市场，争取新客户并优化广告效果。从客户生命周期中收集的数据可以帮助这些公司做出明智的决定，为客户提供量身定制的服务和体验，减少维护问题。要实现以上目标，需要通过数据管道和接触点对客户进行全方位了解。

优秀的公司在工程、制造和运营中使用数据与分析。许多公司会在整个产品开发生命周期和供应链中整合信息，还能对信息做出自动响应。对数据进行分析可以帮助它们了解运营效率和产品质量的驱动因素，预估设备或运营的停工时间以及在分布式设施中推动流程的合规性及优化。

优秀的公司越来越多地使用物联网技术，把产品和服务项目与传感器相连，以对设备和使用情况进行遥测。这些数据反过来又使它们能够优化制造和服务运营，改变价值的交付和获取方式。

最后，优秀的公司还构建了复杂的数据平台来支持所有这些功能。敏捷团队很容易便可获得相关数据来快速部署应用程序，这通常可以提高业务性能和响应速度，或者改善客户体验。此外，这些公司可以利用相关数据在多个功能领域进行预测和提供建议，从优化业务战略到自动为员工创建个人发展计划。表 5-1 显示了投资人工智能对财务的影响，并且对人工智能成熟度指数落后者和领先者进行了比较。

表 5-1　人工智能成熟度指数领先者和落后者的财务表现

	落后者（后 25%）	领先者（前 25%）
三年平均毛利润	37%	55%
三年平均税前收入	11%	16%
三年平均净收入	7%	11%

运营模式转型的不同阶段

我们的研究表明，绩效最好的公司正在加大投资力度开发以数据、分析和人工智能为中心的功能。许多公司正在推动运营模式的转型，同时它们对公司文化进行重大调整，以充分领会和接受人工智能带来的机遇与挑战。下面让我们集中讨论一下这些转型是如何逐步实现的。

成为最先进的人工智能工厂的过程似乎存在自然的阶段顺序：从孤立的数据、试用测试到数据中心，再到人工智能工厂（见图 5-1）。

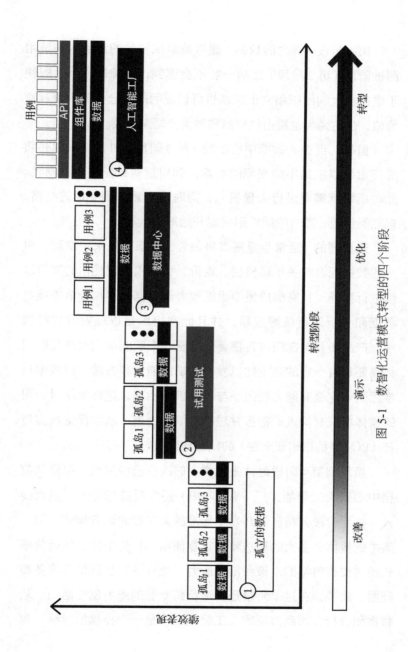

图 5-1 数智化运营模式转型的四个阶段

　　第 1 阶段（孤立的数据）通常是组织转型的起点。在试用测试阶段（第 2 阶段）之前一般不会遇到什么障碍，因为即使不进行重大的组织和文化变革也可以证明基于分析的决策具有价值，但这通常主要由供应商和咨询公司来完成。

　　但是，当进入数据中心阶段（第 3 阶段）时，组织就必须进行重组以汇集不同来源的数据，利用这些数据来把握商机。此时组织就需要进行大量投入，同时也要意识到变革的必需。自然而然地，原有的组织形式就开始产生抵制。

　　最重要的（通常也是最具挑战性的）部分是采用清晰、单一的数据源对有关市场机会、定价、计划和运营优化的决策过程进行指导。只有形成集中组织致力于数据科学和分析才能对数据和分析进行统筹应用，并且此类组织要以辐射方式跨程序、产品和业务部门进行部署。尽管各个职能部门和产品部门都需要具有一定的自主性以发展独特的能力和方法，但数据科学团队一定要有能力将组织与各个部门相连，这样就能对公司的整体状况有深入的把握并进行必要的调整，从而保证数据资产（以及隐私权和安全性）的核心地位。

　　虽然到第 4 阶段时许多架构上的改变已经完成，但是从数据中心到人工智能工厂（第 4 阶段）还需要进行另一项重大投入。在此阶段公司已经开发了标准的人工智能运营模式，除了集中的数据、强大的算法和可重复使用的软件组件，该运营模式还需要有清晰的政策和治理能力，处理从隐私到偏见等各类问题。此外，在这个阶段还要进行跨专业的能力建设活动。从数据和分析公司到真正的人工智能工厂是一个持续的过程，也是组织从整体上（不仅限于工程组织）建立人工智能技术和能力所必需的。每个人都应该了解连接公司与客户及社会的关键路径。

让我们以富达的发展过程为例对以上成果进行解释说明。

富达的转型之旅

当谷歌（稍后是微软）宣布自己将成为"人工智能优先"的公司时，有几个人一直在关注此事。富达的执行副总裁维品·玛雅最为关注，玛雅负责公司的数据开发和分析团队。与此同时，富达董事长兼首席执行官艾比·约翰逊认为有必要将人工智能与公司业务进行更深入的融合。

在 2011 年，维品·玛雅负责领导新的人工智能卓越中心，该中心负责由富达高层领导团队监管的项目组合。玛雅启动了这项工作，按业务部门和职能划分召集了一系列小组会议，列出关键的人工智能计划、使用场景和目标。正如玛雅回顾的："我们并不缺少人工智能应用程序和业务使用场景，但显然我们必须整合一些重要的功能。"[8] 实际上，在富达业务的各个方面，人工智能应用都已成为不可或缺的部分，而富达显然需要预估未来需求并确定人工智能战略的优先性。

富达已准备就绪，它需要雇用顶级数据科学家，并且从一些技术公司或硅谷招聘相关人才。玛雅说："我们的使用场景、文化和数据对于这类人才具有巨大的吸引力，公司已经建立了世界一流的团队。"玛雅补充道："这对艾比来说是一项顶级计划，很有帮助。"此外，公司还鼓励一种新型的管理方式：以数据和人工智能为中心进行产品管理。由专家对各功能进行深入研究，分析它们对业务有哪些影响并领导敏捷团队确定和部署新的应用。

该团队现在可以扩展其数据和算法工厂，并且将人工智能作为富达的核心功能。2012 年，富达着手设计一种集成数据策略。富达投入人力、物力将战略分析数据资产加以集中，形成客户的 360 度视图，并且将其存储在安全的位置供富达分析团队使用。该团队还整合了自己的分析软件堆栈，为富达的软件开发人员和数据科学家提供了可以快速构建、训练和部署机器学习模型的工具。

富达的数据平台跟踪并集成了超过 3600 万个客户文件、互动和数字语音呼叫。它挖掘数据以增加对客户的了解、改进服务，从而提供更加集成的端到端体验，向客户提供更大的产品价值。

也许比技术变革更重要的是组织和文化的敏捷转向，这可以使像富达这种规模的大公司也具备小公司的敏捷性和决策速度。富达拥有令人羡慕的集成数据资产，在此基础上，富达正在尝试打破传统的孤岛组织，以敏捷团队为基础共同迅速部署新的应用程序。这些团队进行了为期两周的 Scrum[⊖]工作，主要内容包括：开发了跟踪客户满意度、客户流失和典型问题的应用程序；估计风险状况；开发完善的投资推荐系统。每个新应用程序都在富达的实验平台上反复进行测试，以确保能够可

⊖ 一个用于开发、交付和持续支持复杂产品的框架。——译者注

靠地运行。同时，玛雅在公司上下开展了全面教育，数百名业务领导者学习了基本算法并参加了课程培训，这样就可以更广泛深入地推动这些能力的培养。

富达为人工智能转型设定了三个优先任务。首先是客户体验。富达进行了大量的人工智能投资，以更好地了解客户喜好，进而推荐更有效、高度个性化的投资策略。其次，富达人工智能投资将专注于推动收入增长，并且寻找机会优化现有的运营流程，使公司更具可扩展性，能创造机会提供跨组织的附加服务。最后，富达还制定了一系列举措以获得对基本业务的深入了解，例如，制定更好的投资策略或了解客户致电的原因。

富达团队现在正在多个业务部门推动以数据和人工智能为中心的运营模式，努力将其应用到从投资组合分析到客户服务的各种流程。整体而言，随着越来越多的业务开始利用软件和算法，传统约束的影响力正在减小。尽管富达永远不会完全抛弃人际沟通方式——投资顾问仍然是其业务的重要组成部分，但人工智能在提高公司绩效和提供卓越的客户体验方面发挥着更大的作用。随着人工智能的作用越来越明显，富达更明确、更专注地开展相关治理：公司制定了相关政策来规定人工智能的使用以及网络安全维护和隐私保护，所有部门都必须遵守。正如玛雅所说："人工智能正在使我们业务的各个方面都表现得更好。"

富达并不是在孤军奋战。在我们撰写本书时，许多公司都在积极推动运营模式的转型。即使在较老的公司中，许多努力也卓有成效。它们开发了许多新功能，使业绩得以提升，还发掘了一系列新的商机。一类新型的、人工智能赋能的公司正在崛起，不但微软和谷歌这样的科技公司是这样的，连实力最强的传统公司亦是如此。现在这些公司最需要的是以新的路径来实施这一战略。

随着数智化运营模式的部署带来新的机遇，公司面临着一系列新的战略选择来塑造其商业模式。但是由于数智化转型重塑了经济，打破了行业之间的传统边界，还会形成新的竞争优势，因此评估这些战略选择需要全新的视角。公司可以连接各种经济网络，从网络效应中获取新价值，从数据和学习效应中获得重要收益。本章我们分析了运营模式转型所面临的挑战，下一章我们将探讨它对战略转型和商业模式转型的影响。

CHAPTER6

6

第 章

新时代战略

在 20 世纪 90 年代后期，物理学家艾伯特·拉斯洛·巴拉巴西和同事们一起分析万维网的结构，他们观察到网络节点之间的连接数量不断地增长。他们还发现，网络中一小部分节点的连通性变得越来越好，更像集线器，因此比其他节点更为重要。网络遵循偏好依附原则：有较多连接的节点会吸引更多的新连接，因此它们变得越来越重要，就更能吸引新的连接。[1]

本书的一位作者（马尔科）在《共赢》一书中把互联网和通过数字连接的业务网络进行了类比，他认为有些公司（被称为关键公司、平台公司、超级明星公司或核心公司）要比其他公司更具有连接性，因而也更强大。[2] 尽管这本书的预测方向是正确的，但作者并没有意识到这种因连接而产生的力量会被数据放大至何种程度，这些数据源于网络并通过分析和人工智能加以处理。

人工智能与网络互相促进。数智公司与传统公司之间的冲突导致了行业的变革，并且随着公司越来越重视数字基础的构筑，经济架构正在被重新配置成一个由人工智能推动的庞大网络，该网络由一系列子网络组成，如社交网络、供应链网络和移动应用网络等。

这些网络至少具有五个共同特点：由网络节点之间的数字连接组成；承载数据；由功能越来越强大的软件算法加以塑造；突破了传统的行业边界；在我们的经济和社会体系中发挥越来越重要的作用。

组织的竞争优势越来越多地取决于组织是否能够塑造和控制这些网络，促进交易数量及种类增长。因此，那些能够进行业务连接、聚集各个企业的数据流，以及通过强大的分析和人工智能从数据中获取价值的公司会越来越具有竞争优势。从谷歌到 Facebook，从腾讯到阿里巴巴，这些网络核心都在积累数据，同时建立分析和人工智能系统来创建、维持和扩大其在不同领域的竞争优势。

时至今日，许多公司还是忽略了网络和数据的动态特点，它们专注于特定的行业领域，在开展经营活动时不关注与其他公司的相关性。当它们与采用数智化运营模式的公司发生冲突时，传统战略变得不堪一击。

　　战略对于公司而言意义非凡。战略分析不应将重点放在各具特色的孤立行业上，而应该重视公司建立的跨行业（公司与经济的其余部分）连接，以及公司与相连的网络之间的数据流。过去，公司战略表现为公司内部的资源管理。现在，公司战略正在转向对公司网络进行管理并对流经的数据加以利用。正如过去几十年行业分析占据战略主导地位一样，我们相信网络分析会不断地塑造未来的战略思维。

　　本章研究了新的战略因素并对网络分析提供指导，这部分内容大量借鉴了朱峰的研究成果（他是我们哈佛商学院的同事和合作伙伴），朱峰的研究对本课题具有重大启发意义。[3] 我们遵循一个特殊的逻辑准则，旨在帮助读者厘清复杂的观点。

　　我们首先对主要观点进行简要概述，然后观察公司与外部经济网络的关系，并且描绘出公司与经济其他部分之间最重要的相互作用。接下来我们分析公司周围的各个网络如何影响价值创造及获取过程。本章会结合一个具体案例，系统地分析如何将价值创造和获取过程相融合。最后，我们总结了网络分析对于商业战略的重大意义。

新战略问题的实质

　　本章内容比较复杂，值得我们先花点时间了解新战略问题的实质，然后再通过案例分析其他相关问题。

　　传统的行业分析着眼于特定的、孤立的行业领域，而网络分析则需要了解各个公司之间的开放式、分布式连接，因为每个公司都与跨行业的大量网络相连。[4] 当公司之间、公司与其他网络连接之后，各种数据流得以汇总，公司就会同时积累网络效应和学习效应。

网络效应和学习效应并不相同。[5] 网络效应描述了通过增加网络内部和网络之间的连接数量而增加的价值，例如，Facebook 用户与其朋友建立连接或访问各种各样的应用程序所带来的价值。学习效应通过增加流经同一网络的数据量来获取增值，例如，数据可使人工智能了解和改善用户体验，或者准确地定位广告商，通常在这两种情况下数据量都越大越好，但好到哪种程度还要视情况而定。

图 6-1 表明了不同规模的公司所创造的价值。规模在这里由单个参数 N 表示，该参数可以代表各种变量，如用户数量、

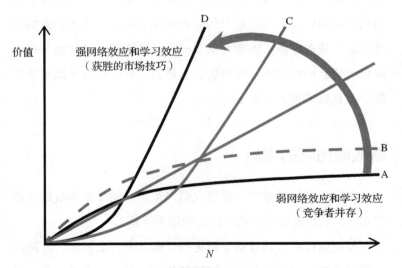

图 6-1　网络效应和学习效应的价值

这些用户的参与度或平台上的补充者数量。曲线 A 是典型的传统业务，说明了典型的规模收益递减。如虚线（曲线 B）所示，即使很小的网络或学习效应也可以增加所提供的价值。如曲线 C 和 D 所示，更强大的网络和学习效应甚至可以表现出不断增长的回报。战略网络分析的总体思路是找到方法来增加基于规模创造的价值并获取价值，从而有效地提升价值曲线，如图中箭头所示。

为了提升规模价值（以及由此产生的竞争优势），你可以尝试从图 6-1 中的曲线 A 移向曲线 D。通常来说，传统公司的规模扩大会增加成本，但是由于公司的网络和学习效应增大，价值曲线也会改变走向。一开始网络规模小、数据量少，因此交付的价值也少。但是随着规模的增加，价值的创造和获取量就会增加，而且增加的幅度也会更大，如曲线 B、C 和 D 所示。网络和学习效应越强，价值随规模增加的幅度就越大。至关重要的是，这种逻辑不但适用于微软、Facebook 和谷歌等典型的技术公司，对于传统行业的公司也同样适用。

让我们研究一下医疗行业的例子。

绘制商业网络图

网络分析首先要了解与公司相连的经济网络哪些最重要，并且检查有价值的数据流以及是否能够通过人工智能获得优势。让我们来看一个传统公司的案例。

一家领先的制药公司最近推出了一种专门治疗帕金森的新

药。借助数字网络的力量，该公司决定，与其简单地利用传统渠道（医生和医院）销售，不如设计一种患者可以在家用药的应用程序来开发更广泛的疾病管理战略，从而扩大销售范围。该公司通过查看应用程序上的每日患者调查表以及敏捷性和协调性测试来跟踪疾病的进展。

通过应用程序捕获的信息将用于跟踪患者的病情并进行优化治疗。但是，除了其核心应用，该应用程序启用的数据和访问权限对于相关服务的提供商（如药店、保险公司和医生）也可能很有价值。此外，该应用程序还可以在患者之间以及服务商之间建立联系。

图 6-2 显示了一个传统产品或服务怎样才能在其传统领域之外产生影响。考虑到网络互动会出现各种可能性，战略分析应该探寻所有应用程序的特点和潜力来发现互补网络蕴含的商机。很可能某项业务的内在价值在一个网络上被创造，而价值的实现（和获取）发生在与该业务相连的其他网络上。

许多这样的连接都可以与公司的核心业务（在这里是药品）产生巨大的协同作用。例如，应用程序不仅可以极大地提升患者参与度，还可以提高新药的功效和顾客的忠诚度，收集用于各种互补性应用程序的数据，而这些数据又可以提高公司向患者交付的价值。另外，这种连接还可以延伸至患者网络，实现患者之间的互动，这可以促进患者之间的相互关系。患者不仅可以了解更多的治疗信息、互相安慰，还可以分享自己治疗疾病的创新方法。[6] 此外，直接与保险公司、医生和卫生机构的网络相连可以建立重要的支撑基础，更有效地利用新的数据分析结果来提高治疗的整体有效性。各种网络也可以为保险公司或潜在的广告商带来新的获利机会。随着机会的增加,价值曲线将以更快的速度上升,如图 6-1 中的箭头所示。

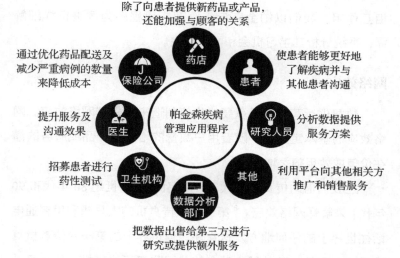

图 6-2　疾病管理应用程序基于网络的价值创造模式

资料来源:Keystone Strategy 战略咨询公司。

　　几乎对任何公司而言,创造和获取价值的机会都可以通过公司所连接的网络成倍增加。如果想要具体了解,首先要对各个网络进行分析。每个网络除了有不同的学习机会,用户的支付意愿不同,竞争性不同,属性和结构也不同。但是分析工作要围绕各种价值网络展开,因此要重点分析网络之间的相互作用和潜在的协同作用。我们将在下一部分中分析这些因素。

价值创造过程

我们分析的起点是探究网络结构如何对创造和获取价值的商业模式产生影响。首先要探究影响价值创造过程的主要因素，进而分析哪些因素驱动价值的获取，然后总结两者之间的相互作用。我们以帕金森疾病管理应用程序为例进行详细解释，系统分析其学习机会和网络机会。[7]

网络效应

数智化运营模式最重要的价值创造来源是其网络效应。网络效应的基本定义是：随着用户数量的增加，产品或服务的潜在价值或效用随之增大。

让我们借助传真机时代（一直追溯到 20 世纪 80 年代和 90 年代）来解释网络效应。[8] 第一个买传真机的人是想利用普通电话往世界上的任何地方发送文件，但世界上的第一台传真机真的没什么用处。随着越来越多的公司购买了传真机，传真机的价值攀升了。连接性的提高为所有用户增加了传真网络的价值。同样，社交媒体平台或互联网消息服务的价值也取决于用户数量。如果没有人使用，Facebook 会很孤单寂寞。但是，随着我们的朋友和同事的加入，Facebook 对大家的价值都在增加。

确切地说，网络价值体现为用户数量（通常以 N 表示）的函数，其增长程度取决于周围环境，不过，这还是颇有争议的。例如，梅特卡夫定律认为，网络的价值与用户数量 N 的平方成正比。已经有人注意到，并非网络中的所有节点都具有同等的价值，并且增值幅度可能并没有那么陡峭，可以建模为 $N \log (N)$。还有一些人只是简单地指出网络的价值可能是 N 的线性函数。但不管价值曲线的形状如何，其蕴含的要义都是网络的内在效用随着用户数量的增加而增大。

传统产品通常不会产生网络效应。以随身携带的钢笔为例，即使再多的人拥有钢笔，甚至是同样的钢笔，对拥有钢笔的人而言其价值也不会改变。如果增加钢笔的产量使其成本和价格降低，则钢笔生产的经济性可能会更好，但是钢笔的使用价值仍然是相同的。因此，在我们的传真机案例中，办公室中的复印机没有网络效应，即使联网也不行，但是传真机却有。不过，现在大多数复印机都具有传真功能，可以访问全球的传真网络。

一般来说，网络连接越多，价值就越大，这是产生网络效应的基本机制。网络平台的最基本操作模式就是实现用户之间的相互匹配，从而获取网络效应所产生的价值。

网络效应有两种主要类型——直接效应和间接效应。传真机、短信应用程序和社交网络表现出直接网络效应，这意味着其他用户的存在对用户而言很重要。

当某一类别的用户（如卖方）看重网络上其他类别用户（如买方）的存在时，就存在间接网络效应。优步和爱彼迎就是能够体现间接网络效应的两个示例。优步上的乘客希望平台上有较多的司机，这样他们的出行请求立刻就能得到响应，而度假者和租房者希望在他们要待的城市中有许多短期出租的房源。在这两种情况下，间接网络效应是双向的：优步创造的价值随着乘客数量的增加而增加，这会推动司机数量的增加，而司机数量的增加又会吸引更多的乘客，依此类推。在 YouTube 等内容平台上，创作者也在寻找消费者，反之亦然。其他案例包括微软的 Xbox 和索尼的 PlayStation 2 之类的游戏平台，游戏玩家和游戏开发者对彼此而言都很重要。

在某些情况下，间接网络效应可以是单方面的，也就是说只有一方重视另一方的存在。在谷歌、百度和 Facebook 上，用户并不寻找广告商，但是广告商肯定要寻找可能对其产品感兴趣的用户。更具体地说，用户看重的是谷歌或百度搜索引擎的速度、准确性和全面性（顺便说一句，使用量越大，搜索引擎的功能就越好）；而广告商在意的是用户的数量，因为随着搜索引擎中信息量和信息种类的增加，每个广告的定位能力也会随之增强。

很多公司已经发现，可以利用一种网络效应（直接的或间接的）的存在来生成另一种网络效应。例如，尽管大多数用户都在 Facebook 上与他们的朋友和同事互动（直接网络效应），但该公司很快意识到内容创建者、游戏制造商和它上面的其他网站也希望能够轻松访问这些用户，并且这是相互补充的。因此，Facebook 通过 API 访问实现了双向间接网络效应。类似地，游戏制造商和游戏平台最初的业务具有双向的间接网络效应，玩家评估游戏，而游戏制造商评估玩家，但当它们创建了多人游戏功能并实现玩家之间的沟通后价值就开始增长——可以把之前分离的网络节点加以连接来实现间接网络效应。

尽管在通常情况下，网络越大价值便越大，但网络规模和价值之间的实际关系要复杂得多，并且对于扩展到何种程度才可以实现增值，不同的网络之间也有较大的差异。开展利用弱网络效应的业务比较容易，但短期优势很难长期维持。

例如，像网飞这种提供优质流媒体服务的公司，由于它采购和发行了大量的电影与电视节目，因此可以很快地实现价值。但是随着时间的流逝，它也吸引了竞争对手（如亚马逊、苹果的 iTunes 和迪士尼等），这些公司可以走同样的路线，也没有什么短板。尽管网飞可能与某些内容提供商达成了独家代理协议，但是没理由不让观众订阅其他服务。相比之下，像 YouTube 上面的内容创建和分销社群拥有更强大的网络效应，绝大多数个体、独立的内容制作者几乎没有理由不在 YouTube 上发布内容。

为了使公司发挥强大的网络效应，公司交付的价值必须随着网络规模的扩大而持续快速增加。通常，依靠弱网络效应的公司有许多竞争者，而具有强网络效应的公司对手较少、市场也更集中，因此具有更大的竞争优势。

学习效应

学习效应既可以为现有的网络效应提升价值，也可以自己创造价值。以谷歌的搜索业务为例，用户使用的次数越多，谷歌算法就可以算出越多常见的搜索模式（也越快），服务也会越好。这些学习效应对于搜索引擎产生的价值至关重要。为了与谷歌竞争，微软的必应与雅虎合作来吸引更多的用户和广告商，从而扩大其用户基础和规模。但是它很快意识到，即使规模再大，它的搜索广告业务也无法与谷歌抗衡，因为它没能从相同的学习效应中受益。谷歌多年来一直有大量的数据输入以供学习和试验，这使得谷歌在算法优化、搜索结果、参与度以及获利能力方面具备了无可匹敌的优势。

学习效应可以增强竞争优势在很大程度上是因为它取决于规模。一般而言，用于训练和优化算法的数据越多，算法的输出就越准确，还可以解决更复杂的问题。图 6-3 显示了预测算法的选择如何随着数据集的大小而改善。随着运营模式逐渐运用多种算法——每种算法都需要庞大的、多样的和最新的数据集，学习效应将会扩大规模和范围对公司价值创造的影响。用户群及规模越大，可用数据就越多，创造的价值也就越大（当然，所有这些都基于公司具有正确的运营模式，能够运行正确的算法）。

数据在多大程度上能持续产生竞争优势是因程序而异的。原因是多方面的：大多数算法的准确性至少在一段时间内与数据点数量的平方根成正比，然后随着算法的充分训练而趋于平稳。平方根律也只是一个近似值，在算法单独运行的情况下，准确性不会快速提高，因为收集到的大多数数据点互相关联。但是如果有多个算法来推动业务，它们学习效应的总价值就会呈复式增长。在网飞的例子中，许多以用户为中心的算法和反向管道算法同时发挥作用。

竞争优势中的其他因素包括所使用算法的类型以及所需数据的唯一性和规模。对于一个相对简单的算法（例如，检测猫和狗的图像差异），训练集的规模不需要太大，并且训练该算法所需的数据容易得到。以识别猫狗的算法为基础开展的业务不太可能具有持续性竞争优势。

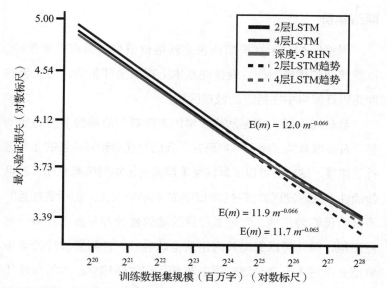

随着数据量增大，预测失误率降低。

图 6-3　数据集规模对性能的影响

资料来源：百度研究院。

　　但是识别某些独特类型肿瘤的算法可能更具有竞争优势，因为这需要更多、更独特的数据。一个极端的例子是自动驾驶汽车技术中涉及的算法，它们是各种各样的复杂算法，还可能需要大量的实时绘图和交通数据。因此，自动驾驶汽车业务可以构筑更多的护城河和障碍，使竞争对手无法接近。

　　学习效应和网络效应可以协同发挥作用。一般而言，网络越大（即连接的数量越多），连接的价值就越大，数据流就越大，人工智能和整体学习的机会也就越多。网络中的任何连接都可以是有用的数据源，这些数据可用于学习、算法训练及扩大网络效应带来的优势。

网络集群

网络结构对于规模如何决定网络价值增长具有重要影响。以爱彼迎和优步为例,爱彼迎基本上提供全球服务,但优步的网络则高度集中在特定的城市区域。

我们与朱峰、康涅狄格大学的李新新和哈佛商学院的伊桑赫·瓦拉维共同开展了一项研究,我们对优步和爱彼迎的业务进行了建模,这样就可以了解网络集群如何影响网络商业模式的可持续性。我们发现集群对公司运营的影响非常大。旅行者在意的不是自己的居住地,而是旅行目的地的爱彼迎平台上有多少房屋出租,因此可以看出其网络是全球性的。任何爱彼迎的竞争者都必须进入一个全球范围的市场,它需要建立品牌的全球知名度,以吸引众多城市中的大量旅客和房主,这样可以形成一个流动性市场,租客、房主和参与者都可以便捷地低成本进入和退出。因此,进入房屋共享市场的代价很高。确实,在规模上爱彼迎只有一个成功的竞争对手——HomeAway⊖/Vrbo⊜,它以不同的商业模式进入这个市场。

通常全球网络更倾向于聚集在少数几个核心公司周围,竞争壁垒很高,并且对于优势公司而言,维持盈利能力相对容易(分析万豪与爱彼迎和 HomeAway 的竞争有助于深入了解老牌公司该如何设计和执行网络效应战略)。

与爱彼迎的网络相比,优步的网络是高度集群化的,它围绕城市的不同位置进行分组(见图 6-4)。波士顿街区的出租车

⊖ 美国的一家提供假日房屋租赁的在线服务网站。——译者注
⊜ 一个在线短期房屋出租平台,后被 HomeAway 收购。——译者注

司机只关心这个街区中的乘客数量，而乘客只关心这里有多少出租车。此外，除了极少数经常外出的乘客，波士顿的乘客是不会在意旧金山有多少司机和乘客的。

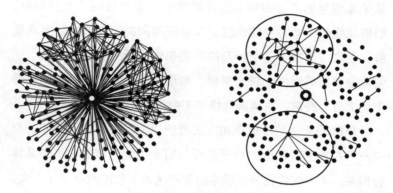

图 6-4　本地网络（左）与全球网络的差异

这意味着优步的整体规模（在全球拥有超过 100 万名司机）很难影响其在当地交付的价值。因此，网络包含的本地集群数量越多，规模和网络效应的作用就越小，竞争者也就越容易进入。集群网络通常具有很强的竞争力（甚至在强大的本地网络效应影响下，规模优势也难以有更大的作为），具有本地规模的公司可以达到与具有全球规模的公司一样的效率。

这种集群网络结构使规模较小的竞争对手可以轻松地在本地网络中达到临界规模，并且可以通过差异化价格或更低的价格迅速占领市场。实际上除了 Lyft，优步在美国范围内的主要城市中还有一些地方竞争者。例如，在纽约，它强有力的竞争对手包括 Gett、Juno 和 Via 以及出租车运营商。类似地，滴滴正面临着当地汽车公司的竞争，这些公司担心被拼车平台商品化。

集群网络不限于乘车共享。团购网站（如 Groupon）和食品配送平台（如 Grubhub）都有类似的结构。而且，集群并不总是地理层面的。在许多医疗网络中，患者按疾病类别集群，如糖尿病或某些种类的癌症。体育网络围绕不同的赛队形成集群。在这些情况下，所涉及的公司都容易受到竞争的影响。任何竞争者如果专注于特定集群、地理区域或专业性，都能获得市场机会。通常，在集群网络中不会产生全球性核心公司。

集群现象适用于数据和人工智能以及网络结构。例如，思考一下在波士顿获取的数据是否与旧金山或巴黎的优步乘客体验相关。不同的位置分布通常会使跨区域汇总的数据意义不大。

网络发展与学习效应

最后，由于网络是不断发展的，因此网络的强度和结构以及学习效应也会随之变化。该变化可能会影响价值创造曲线，影响市场竞争力。微软 Windows 便是一个有趣的例子。在 20 世纪 90 年代个人计算机鼎盛的时期，计算机上的大多数应用程序都是安装在客户端的，这意味着这些应用程序实际上是计算机的一部分。这就形成了相关的 Windows 开发者网络，他们的应用程序要在 Windows 上运行来驱动计算机价值的实现。在 20 世纪 90 年代后期，大约有 600 万名专门为 Windows 编写应用程序的开发人员，Windows 成为无可撼动的主导平台。

在此期间，经济学家提出了一个正确的观点，认为基于 Windows 的网络效应很强大，因为一个具有竞争力的平台的

价值将高度依赖于大量专业开发人员的汇集。此外，为 DOS/
Windows 编写的应用程序与苹果操作系统不能兼容（甚至在
DEC Alpha 等非英特尔处理器上也不兼容），这使得程序开发人
员很难利用非微软平台工作。微软的技术封锁为竞争者进入市
场设置了巨大障碍。

但是，随着互联网的使用量激增，以及基于互联网的应用
程序和服务功能的迅猛发展，相关的业务网络也发生了变化。
大多数相关功能从个人计算机应用程序转移到基于网络的移动
应用程序，而这些应用程序是开放的，通常可以在不同的操作
系统上运行。毫不奇怪，我们在个人计算机和平板电脑上都能
看到广泛使用的安卓系统、Chrome 和 iOS 操作系统，甚至苹
果个人计算机开始兴起，尤其在高端市场。在 21 世纪头 10 年
中期，苹果计算机的出货量增长了五倍多。当网络效应的强度
降低时，有些市场便受到影响，其集中性有所减弱。

价值获取过程

近年来，由于数字网络可以轻松连接各种类型的用户和公
司，因此价值获取方式也更多样化。[9] 优化公司的价值获取方
式可能是一项艰巨的任务，它需要经济分析、战略思考以及技
术能力。数智化的价值获取技术包括精细的使用计量，根据产
品库存状况进行定价的成熟算法，甚至是基于结果的定价模型。

但是，即使采用成熟的定价方法，为用户网络创造的价值
也难以全部获取。在任何数字业务网络上，价值的占有性（获

取价值的能力）都会受到一些重要因素的影响，如具有竞争力的解决方案以及客户的支付意愿。当面临多种选择（如与多边平台业务或网络核心公司合作）时，你可以调整价格以向竞争力最小且支付意愿最大的一方或者网络收费。这就是搜索引擎不向用户收费而是向广告方收费的原因，因为向它们提供了独家机会来吸引点击特定搜索词的用户。通常，搜索词就代表着商业需求，因此点击就意味着价值。

关键是要意识到网络效应开辟了价值获取的新途径。以具有直接网络效应的系统为例，一些公司可能会发现，通过为客户提供网络服务而收取一定的费用是可行的。例如，Xbox 和 PlayStation 2 平台提供按月订阅服务，以便游戏玩家可以直接与其他玩家连接并享受多人游戏。

具有双向间接网络效应的公司拥有更多的价值获取选择，因为它们可以根据双方的支付意愿，通过分别向双方收费来找到多种获利方式。例如，蚂蚁集团可以通过多种方式从消费者和经营者那里赚钱，而爱彼迎会对每次入住向租客和房主收取费用。阿里巴巴和亚马逊已经发现，除了从商家收取的交易费，广告费也是重要的收入来源。

多宿主现象

第一个也是最重要的影响价值获取方式的因素是多宿主现象。多宿主是指存在着竞争性替代方案，特别指网络中的用户或服务商可以同时与多个平台或核心公司（"宿主"）建立业务关系。如果一个核心公司面临着来自另一个类似的核心公司的竞争，则它从网络中获取价值的能力将受到挑战，当转换成本足够低，用户可以轻松使用这两个公司的服务时更是如此。

　　竞争越激烈，网络核心获取的价值就越低。例如，许多智能手机应用程序开发人员同时使用 iOS 和安卓操作系统，这使得这些平台很难从开发者那里获利。但是，虽然多宿主现象在开发者那里很常见，但绝大多数消费者要么选择 iOS 要么选择安卓，手机的换代并不影响这种情况的继续，这使得苹果和安卓仍可以从消费者那里获取可观的利润。

　　当多宿主现象在平台的各方都普遍存在时，该平台就几乎不可能从其业务中获利了。例如，在租车行业中，许多司机和乘客都会利用不同的平台来为自己获取更大的优惠。乘客可以比较价格和等待时间，司机可以减少等待时间。毫不奇怪，优步、Lyft 和其他竞争对手在争夺司机和乘客时不断地削弱彼此。

　　爱彼迎平台在房主和租客两端也面临着严重的多宿主现象，因为其他共享房屋的网站也提出了类似的价值主张。一方面房主可以轻松地同时在多个网站（如 HomeAway 和 Vrbo）上挂出同一房产，这没有太大问题，尽管费用结构和模式可能不同。另一方面，租客可以搜索所有网站查看要租的房子。因此，多宿主现象阻碍了租车和租房行业的盈利能力。

　　现有平台的经营者可以尝试锁定市场的一侧（甚至两侧）来减少多宿主现象。例如，优步为司机提供了一项服务——以司机可承担的首付向汽车制造商贷款买车，这样司机就只能使用优步平台，因为按要求司机需要跑够次数才能维持其贷款资格。优步和 Lyft 还为各自平台上合作较多的司机提供折扣，以此鼓励司机只用自家平台。此外，两家公司还提供了一项类似服务，即在开车过程中向司机提供下一个乘车请求，以方便他们在上一单目的地附近接下一位乘客，减少司机的空跑时间，从而降低他们转向其他平台的可能性。这两家平台还根据打车里程对乘客进行奖励，以提高顾客黏性并减少多宿主现象。

类似的方法在爱彼迎平台上更为成功。例如，它专门为高级用户提供工具和优惠，既提供了价值，又增加了换平台的成本。但是，由于使用多个平台的成本较低，因此多宿主现象仍然很普遍，盈利能力便受到了限制。

有些公司已经找到了许多方法来避免多宿主现象。微软和索尼等视频游戏机制造商已与游戏开发商签订了独家合同。对于玩家，游戏平台及其相关订阅服务（如 Xbox Live 和 PlayStation Plus）的高价格减少了玩家购买多个平台服务的想法。同样，亚马逊向第三方卖家提供履约服务，如果它们还接受别家平台的订单，亚马逊就向它们收取更高的费用，以此鼓励它们仅在亚马逊平台上进行销售。亚马逊还使用 Amazon Prime（一项付费订购服务，可为其大多数产品每隔一天提供免费送货服务）来留住用户并降低他们转向其他平台的意愿。

脱媒化

脱媒，即网络中的节点可以轻松绕开公司直接对接，这可能是影响价值获取的一个重大问题。以 Homejoy 为例，这是几年前倒闭的一家家政服务公司。在服务方与雇用方之间进行最初的接洽之后，双方几乎就不会继续通过中介来沟通了，因此脱媒现象很普遍。Homejoy 这种基于交易的价值获取模式注定会失败，因此该公司最终难以为继。这个问题很常见，尤其是对于那些仅为各方提供中介服务的公司，诸如 Homejoy、TaskRabbit，在各方首次接触后，它们创造的大部分（即使不是全部）价值都已交付，它们很难让用户保持对自己的依赖而继续付费。

不管结果如何，核心公司都在充分利用各种机制来阻止脱媒现象，包括签订条款要求用户必须在平台上进行所有交易或阻止用户交换联系方式，至少在确认付款之前需要如此。例如，爱彼迎会隐瞒房主的位置信息及联系方式，直到付完款为止。但是，这些策略并不总能奏效。如果核心公司的服务流程很烦琐而竞争者能够提供更流畅的服务体验，那么核心公司就很难抵挡了。在这种情况下，爱彼迎的规模优势能保护公司免受竞争。

阻止脱媒的一种较好方式是提高用户通过中介开展业务的价值。中介公司可以通过提供保险、付款托管或通信工具来促进交易，解决纠纷，或者监督交易。但是，如果用户之间建立起强大的信任关系，对他们而言这些服务的价值也可能会降低。

为了了解信任与脱媒之间的关系，哈佛商学院的博士生格雷斯·顾和朱峰考察了一个在线自由职业者平台。他们发现，网络核心公司提高了其诚信系统的准确性之后，用户与自由职业者之间的信任度也提高了，这样就出现了更多的脱媒现象，抵消了更好的匹配所带来的收入增长。用户和服务提供者之间建立起足够的信任之后，他们便不再需要诸如付款托管和解决纠纷之类的服务，并且对平台的需求也会减少。

　　减少脱媒更有效的方法是降低交易费用并缩小市场各方的收入差距。中国企业外包服务平台猪八戒成立于 2006 年，其商业模式是公司收取 20% 的佣金，据估计，该平台因为脱媒现象而损失的收入多达 90%。2014 年，该公司发现许多新的企业主通过该网站寻找企业徽标设计服务，接下来这些用户往往会需要平台提供商业和商标注册服务。意识到这个商机后，该公司开始提供附加服务，现在已成为中国最大的商标注册服务提供商之一，该服务年收入超过 10 亿美元。现在该平台已大大降低了交易费用，将精力主要集中在如何扩大用户群体，而不是解决脱媒问题。目前，该公司的市值超过 20 亿美元。[10] 如果说脱媒是一种挑战，那么提供附加服务比收取交易费会更加有效。

网络桥接

　　尽管多宿主和脱媒现象妨碍了公司的网络获利能力，但是网络桥接可以改善甚至挽救公司的商业模式。网络桥接指在先前独立的经济网络之间建立新的联系，以利用更有利的竞争优势和不同类型的支付意愿。当网络参与者与多个网络相连并互相架起桥梁以发挥重要的协同作用时，它们就可以提高创造和获取价值的能力。

　　这里的经典示例是谷歌搜索。如果谷歌直接向用户收取搜索费用（如基于每笔交易），用户的使用量则会大大减少。而谷歌将搜索业务与广告商网络联系起来，这些广告商希望其广告能够与用户的搜索意图进行匹配，因此愿意支付不菲的费用来访问谷歌用户。支付方式是另一个经典的例子。传统上，支付系统并不能提供赚钱的大好机会，但是随着用户和小型企业的访问量增加以及数据的积累，公司投资支付网络就会变得非常有价值。

　　需要强调的是，基于数据的资产在多种情况下及在多个网络端都具有价值。成功建立用户群的公司可以利用此资产在不同的新网络上获取价值。这就是如亚马逊和阿里巴巴这样的核心公司能够进入诸多不同的市场领域的原因。

战略性网络分析

　　在前面，我们讨论了哪些因素可以加强或削弱网络价值的创造和获取。现在，我们将这些影响总结为一种统一的方法，对所有的网络进行战略性网络分析。我们以优步为例加以说明。

网络勾画

　　战略性网络分析的第一步是列出与某项业务连接的主要网络。例如，优步网络主要与乘客和司机连接。优食（Uber Eats）[⊖]

　　㊀　优步推出的送餐应用。——译者注

利用规模较小的网络与食品供应商连接，以获得食品供应。此外，优步于 2018 年 3 月推出了优步健康（Uber Health）——一种与医护人员建立联系的服务，并且允许诊所、医院、康复中心和其他医疗保健机构为患者预订乘车服务。优步与不同组织合作以增加价值创造并借此发现商机（包括杂货配送），优步健康便是其中之一。

图 6-5 概括了与优步运营模式相关的许多网络。随着优步不断地寻找更多的价值获取机会，网络的数量可能还会增加。我们已经看到优步尝试推出了 UberKITTENS（用户付款来"撸猫"），甚至还提供冰激凌配送服务。

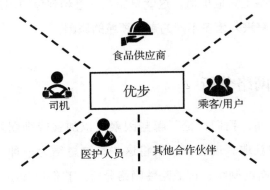

图 6-5　与优步核心业务相连的网络

影响网络价值创造与获取的因素

第二步是评估业务中的主要网络在大规模创造价值和获取价值方面的潜力。表 6-1 是一份网络属性清单，列举了哪些因素会增强或削弱价值创造和获取能力。

表 6-1　评估优步的战略网络

增强价值创造和获取能力的因素	削弱价值创造和获取能力的因素
• 强网络效应	• 弱网络效应
• 强学习效应	• 弱学习效应
• 与其他网络的强协同作用	• 没有与其他网络的协同作用
• 没有主要的网络集群	• 有重要的网络集群
• 没有（或单方的）多宿主现象	• 多宿主现象普遍
• 没有脱媒现象	• 脱媒现象普遍
• 网络桥接机会多	• 没有网络桥接机会

总而言之，优步处境艰难。让我们逐个分析这些因素。

优步的主要业务不直接产生网络效应。对于某个乘客来说，其他乘客也在优步上租车没有任何价值。同样，一部分司机的存在也不会为另一部分司机带来价值，甚至可能产生负面影响，因为附近的乘客越多，打车的竞争就会越激烈，优步的服务质量反而会下降［优步拼车（Uber Pool）的多人拼车是一个例外，我们将在后面详细讨论］。

网络的地理性集群进一步削弱网络效应。拥有大量的乘客和司机至关重要，但是需要在每个地方逐个经营。旧金山的司机密度高对底特律的用户没有任何意义。这意味着本地任何具有一定规模的服务都可以与优步进行竞争，也就是说，优步核心服务的盈利能力将始终受到必然会出现的低成本竞争对手的挑战。

优步确实能产生重要的学习效应，其业务得益于大量数据的积累和分析。学习效应可帮助优步根据交通状况和其他因素调整价格、预测供需状况以确保提供高质量服务，并且利用许多其他有用的分析结果来使创造的价值最大化。目前尚不清楚这些学习效应是否足以确保公司持续获利。

优步的乘车应用程序无论在乘客还是司机那里都遭受多宿主现象的困扰。很多乘客和司机都下载了不止一个打车服务应用程序，他们会时不时查看以确保他们使用的服务是最合算的。

优步的脱媒现象并不突出，部分原因是该公司已采取了许多措施来增强其服务的黏性和便利性，还有一个原因是该公司对违反规定的司机处以严重惩罚。

最重要的是，集群化和脱媒使优步在其所有核心地区都遭遇了广泛的竞争，而且这些服务的盈利也无法保证。由于缺乏大规模的学习效应，在可预见的未来，优步的核心业务可能仍无法盈利。

尽管核心业务面临着挑战，但是那些与司机和乘客的核心网络相连的其他网络中还是蕴涵着商机的。优步未来的盈利能力将取决于它是否能将经常打车的乘客和司机与更多的其他网络进行桥接。这会提供其他的价值获取方式，使公司具有长期的盈利和生存能力。

确定商机

优步核心服务的内在价值为其带来了多种桥接机会，如图 6-6 所示。一般来说，只要拥有内在价值，优步就能够找到一种可盈利的桥接业务。优步的核心服务应该能够创造更多的价值，尤其是其可凭借网关地位来获取价值。

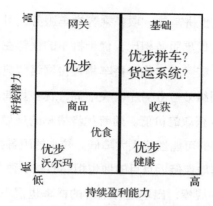

图 6-6　优步的价值创造和获取机会

　　桥接就是将网络驱动程序与其他业务网络相连。杂货配送、优食和优步健康都是此类网络桥接的例子。因此，优步的网络驱动程序与许多其他供应商相连，其中一些供应商还不在本地（如沃尔玛或凯撒医疗集团）。其目的是促进更持久的全球连接，这样优步就有别于其他本地公司，这些公司由于网络集群和多宿主现象而具有很强的竞争力。那么优步的这些操作可以盈利吗？显然这取决于优步与供应商达成了何种协议。因为有更多的选择，所以日用品领域竞争激烈，优步尝试与沃尔玛开展的合作因绩效不好而被搁置，优步健康似乎前景更好。

　　优食是另一种有趣的做法，它与本地和全球的餐厅供应商建立新的网络连接。尽管可以确定这是有效的战略，但并不能确保它能持续盈利，因为它再次遭受到广泛的竞争和本地集群的挑战。显然，优食在大部分地区是不盈利的。

　　优步其他有趣的业务包括优步拼车和货运系统（Cargo

Systems）。优步拼车是一项多乘客拼车服务，可以推动业务增长。与常规的优步服务相比，优步拼车的优势在于它具有更强的网络效应。实际上，优步拼车将直接网络效应添加到了优步传统的间接网络效应业务中。突然间，优步拥有的乘客量就直接影响了乘客获取的价值。随着优步拼车的规模化，竞争对手提供类似服务的可能性将大大降低。较小的服务提供商会发现，不同乘客上车地点接近且目的地也相邻的概率很小。遗憾的是，即使优步这种规模，出现这种情况的概率也很小，而且该服务还会影响其盈利且引起乘客不满。但是，如果优步拼车能够达到足够的规模，它可能真的成为一种重要的盈利模式，因为它具有与传统优步程序相同的桥接潜力而收获可观的利润。

另一个有趣的例子是 Cargo 公司，它是由创办了 Zynga 和 Support.com 的企业家马克·平卡斯创办的。Cargo 公司把乘客网络与各种零售商连接起来，通过一种便捷的方式向乘坐共享车辆的乘客出售产品。Cargo 公司的广告说，司机每月可以多赚几百美元。这对司机而言（对优步也是）是绝对的利润，也会对优步的利润产生重大影响。

总而言之，优步的内在价值是真实存在的，提供了无数的桥接机会。但作为一家上市公司，要保持稳定的估值仍需要付出努力，另外目标也不要设定得太高。

战略问题

现在，我们用一系列问题来总结以上观点。企业家和管理人员在制定发展战略时，或者思考企业的业务网络中有哪些潜在的价值创造和获取机会时，都应该考虑以下这些问题。举一个具体的例子，让我们回到本章开头介绍的帕金森疾病管理应用程序。

提供的核心服务是什么？

与大多数传统的战略分析一样，最好从企业创造价值的最基本方法开始。例如，对于一家很出色的人工智能初创公司，它需要对哪些流程进行数智化改造和人工智能赋能？对于一项高级业务，最基本的价值主张是什么？帕金森疾病管理应用程序的核心价值在于通过获取每日的疾病治疗数据来提高疗效。

哪些网络是提供该服务的关键，它们的特点是什么？它们有很强的学习或网络效应吗？它们具有集群特点吗？

下一步是系统地评估业务要接入的核心网络的特征。帕金森疾病管理应用程序最重要的网络是患者网络。学习效应是其最重要的优势，因为利用该应用程序收集的患者数据可以密切跟踪疾病的进展情况，这在以前是完全不可想象的。从患者进行的基本协调测试到简单的每日调查，有很多方法可以收集到有用的数据。考虑到疾病的复杂性以及许多罕见的症状，疾病特征分布的尾部较长，那么对数据进行规模应用的潜力就非常大。因此，较强的学习效应对于应用程序而言既有利也有弊。弊是指需要进行许多部署才能使数据真正有用，利是指应用程序达到临界值后将能够保持显著的竞争优势。

如果网络和学习效应较弱，该如何逐步加强？又该如何增加交付的价值？

随着业务的增长，人们应该考虑通过增强学习和网络效应来创造价值的可能性。帕金森疾病管理应用程序中的学习效应已经很显著，但它还能更强——通过提供更多的功能来促进额外的网络效应的产生。例如，如果在应用程序中添加功能鼓励患者进行互动，患者就会进行大量的交流来互相支持、指导，提出建议，以共同对抗这一危险的疾病。这些直接的网络效应有助于进一步维持该应用程序的竞争优势。

如果网络效应很强，并且在达到临界值之前几乎没有任何价值交付，那又该怎么办？

这是经典的先有鸡还是先有蛋的问题。任何依赖强大的网络和学习效应的公司都需要一种方法来引导业务发展，直到达到足够的规模来发挥学习和网络效应。帕金森疾病管理应用程序正在面临这一问题：它的规模仍不足以发挥学习和网络效应来实现较多的价值交付。

我们可以尝试以下几种策略来推动业务增长。首先可以增加应用程序的内容以吸引用户，其次可以提供治疗建议和最佳实践方法，甚至可以实时回答有关治疗的提问，我们还可以将使用体验游戏化，使应用程序更具有娱乐性和吸引力。例如，佩洛顿应用程序利用 Facebook 将狂热的会员聚集到激情四射的佩洛顿社群中。

什么是最重要的辅助网络？它们可以开辟新网络或激发学习效应吗？

既然我们学习了核心网络的基础知识，下面就通过业务考察来分析辅助网络的特征。借助帕金森疾病管理应用程序可以建立多个网络，其中最值得关注的可能是医生网络，因为他们可以获取患者疾病进展情况的数据，并且能够利用新的渠道与患者互动，这对于他们而言是大有裨益的。该应用程序甚至可以构建功能来向医生或其他医务人员提供更多的指导和建议。这些服务将增大该应用程序实质性的间接网络效应，从而进一步提高其竞争力和业务的可持续性。与该应用程序相连的还有许多其他网络，例如，研究人员和保险公司都能从患者数据中受益，药店可以利用它来开具处方和续方。

我们面临网络集群、多宿主及脱媒现象的挑战吗？

下面我们对业务网络的特征进行更深入的研究。帕金森疾病管理应用程序的业务主要是围绕帕金森综合征患者进行的，因此规模有限。但是，当应用程序接入其他相关网络时，就可以每天向患者交付价值。用户参与度可能会很高，并且由于其价值源于相关网络的集成，因此似乎不太可能出现脱媒和多宿主现象。随着该应用程序积累的患者数据越来越多，甚至还会吸引患者的医生参与，多宿主和脱媒的可能性就更小了。

最佳的价值获取机会是什么？

在认真思考价值获取方式之前，必须了解开展业务的网络具有哪些特征。既然我们已经分析了与帕金森疾病管理应用程序相连的各种网络的特征，那么接下来就要考虑如何为患者、医生、研究人员和保险公司实现价值创造的规模化。因为该应用程序强大的学习和网络效应，而且在没有达到临界值之前，它所能创造的价值是有限的。因此建议不要向使用该应用程序的患者或医生收费，因为我们要尽一切努力鼓励他们下载该应用程序进行参与。

利用该应用程序还可以有许多其他的获利方法。一种很简单的方式就是免费使用，从增加的品牌效应和补充性药品业务中获得收益，如今这方面的收入已经达到数十亿美元。这些明显增加的收入可以轻松弥补该应用程序的运行成本，还有大量盈余。我们还可以考虑投放有针对性的广告（有用且设计巧妙的广告）、医生推荐、保险补贴以及隐去用户私人信息的数据货币化机会。总而言之，这个应用程序将是一项很好的业务，可以为该疾病的治疗和管理创造更多的价值。

是否有网络桥接的机会？思考一下核心网络中积累的数据是否也对其他网络有价值？

最后要思考一下该业务可以与哪些独立的网络连接以创造更多的价值或机会。帕金森疾病管理应用程序的突出优势将超越疾病类别，但是不同类别的疾病具有高度集群性，因此连接点很少。当帕金森疾病管理应用程序被开发并成功地用于治疗过程后，保险公司便可以推动类似的应用程序在不同的环境中使用，甚至可以将其作为一种分销渠道。医生和其他医护人员也可以将其桥接到其他疾病网络中。

本章研究了在数据和人工智能驱动并由数字网络主导的时代如何制定公司战略。在下一章中，我们将解释这些构想蕴含的广泛的战略意义，并且考察它们在各个经济领域呈现的竞争态势。

7

战略碰撞

谁能赶上手机王？

——2007 年 11 月 12 日，即 iPhone 推出半年后
《福布斯》有关诺基亚的封面报道

在第 6 章，我们探讨了如何将公司运营模式的关键要
素数智化以发掘新的战略机会，同时改变公司创造和获取价
值的方式。本章将研究更广泛的竞争影响，并且探讨采用数
智化运营模式的公司与更多的传统公司发生冲突时会有什么
结果。

当采用数智化运营模式的公司开发针对某个市场的应用程
序（或使用场景）时，就会与一直以来提供服务的传统公司发
生冲突（见图 7-1）。由于数智化运营模式在规模、范围和学习
方面都与传统模式不同，因此碰撞可能完全改变行业并重塑竞
争优势。

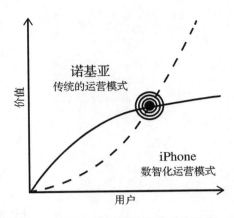

图 7-1　数智公司与传统公司的碰撞

　　请注意，数智化运营模式要经过相当长时间的积累，其产生的价值才能与传统运营模式接近。这就可以解释为什么传统运营模式公司的高管们一开始很难相信数智化运营模式会迎头赶上。但是，在数智化运营模式的规模超过临界值之后，它所交付的价值确实令人惊诧，很容易就让传统公司不堪重负。在整个经济领域，这种现象越来越普遍。

　　以全球旅游业为例，爱彼迎正在与万豪和希尔顿等公司开展合作。爱彼迎提供与它们类似的服务，但是运营模式完全不同。万豪和希尔顿拥有并管理物业，在各地的酒店有成千上万名员工致力于打造舒适的客户体验，而爱彼迎的精简组织则位于虚拟人工智能工厂的顶层，它负责聚集数据并将用户与房主社群进行匹配，这是利用精心设计的算法和数智化追踪及管理来实现的。万豪和希尔顿都是集团和品牌的集群，都有自己独立的业务部门和功能，拥有各自的信息技术、零散的数据和组织结构，而爱彼迎的精简敏捷组织则位于其集成数据平台上方，通过积累用户和流程信息、挖掘分析价值、快速运行实验并生成预测模型来为关键决策提供参考。

爱彼迎由于积累了网络和学习效应，能够迅速推动规模、范围和学习的发展，而万豪的增长和响应能力则受到其传统运营模式的限制。在不到十年的时间里，爱彼迎的规模不断扩大，可以提供超过 450 万间客房，这是万豪在 100 年里所积累的住宿容纳量的三倍。

与亚马逊的供应链或蚂蚁集团的信用评分流程一样，爱彼迎将人工从运营模式的核心转移至边缘，甚至是公司边界之外（房主）。爱彼迎不断挖掘数据以获取新用户，确定新用户需求，优化体验并分析风险敞口。这样，它会累积更多的房主和旅行者数据，并且使用人工智能和机器学习来挖掘其中隐藏的商机，这一点已通过大量的实验得以证实。爱彼迎的经营范围也在迅速扩大，提供从音乐会门票到飞行课程的各种服务体验，这将推动新的网络和学习效应，增加创造和获取价值的机会。

爱彼迎并不是唯一一家搅动全球旅游市场的数智公司。Booking Holding 是另一支强大的力量，这家公司的历史比爱彼迎略长，其品牌 Booking.com、Kayak.com 和 Priceline.com 在 150 000 多个旅游目的地拥有 3000 万个房源。与爱彼迎一样，Booking Holding 的架构旨在实现以软件和数据为中心的运营模式，从而扩大规模、范围和学习，不再受到传统运营瓶颈的约束。与爱彼迎一样，Booking Holding 唯一真正的增长瓶颈在公司外部,即如何确保旅行住宿房源的不断增加。现在 Booking Holding 的估值已经是万豪的两倍。

行业正悄然发生变化。在短短的几年内,爱彼迎和 Booking Holding 提供的住宿服务量大增并跃居领先地位,同时它们还增加了提供给消费者的捆绑服务。市场不断地集中,并购活动也进行得如火如荼。

万豪的应对方式是收购喜达屋,旨在利用顾客忠诚度和相关数据资产之间的协同效应。万豪争分夺秒地进行收购并重新设计其运营模式,以此来与爱彼迎和 Booking Holding 的数据驱动型增长模式相抗衡。旅店业正处于新旧运营模式的碰撞之中。

碰撞中的竞争态势

数智公司和传统的旅游公司之间的碰撞告诉了我们数智化改造的成效,数智公司把一些最关键的任务进行数智化改造来创造价值,以新的方式满足用户需求。市场需求非常相似——旅行者需要住宿和良好体验,但与传统的连锁酒店不同,爱彼迎和 Booking Holding 建立的系统可以满足这些需求,并不需要依靠大型的传统组织、大量的酒店经理和销售人员,还有烦琐的操作流程。

爱彼迎和 Booking Holding 正在为旅游业有效地添加软件层,并且将其视为旅游业的操作系统。如果万豪是旅游业的 IBM,那么爱彼迎和 Booking Holding 则互相竞争要成为 Microsoft Windows。这样,它们就将传统的运营瓶颈排除在组织之外,进而消除了运营瓶颈对其扩展性、范围和学习潜力的限制。

与计算机操作系统公司一样，Booking Holding 和爱彼迎等数智化运营公司利用网络和学习效应来提升其价值创造能力。网络效应对这一模式至关重要。旅客的需求量越大，就越能吸引更多的酒店和房主线上提供房源；而房源越多，又会吸引越多的旅客。

随着数据训练机器不断地学习算法以识别各种模型并改善运营决策，学习效应进一步提升了所交付的价值。爱彼迎和 Booking Holding 都对有关用户行为的各种数据进行收集，例如，某个用户更有可能点击、浏览或跳过哪些内容。算法利用这些数据来选择、确定哪些内容要优先与用户连接。随着应用程序不断地积累各种数据，学习分析功能可以扩大网络效应的作用，因为经过训练它们可以不断地吸引用户。[1]可以说，数据量越大，优化越精细，典型用户的参与度就越高。

旅游业的例子再次展示了人工智能与学习及网络效应是如何相辅相成的，进而在一系列自我强化的循环中为数智化运营模式建立了价值的快速增长模式。随着运营模式与更多的网络连接，生成和积累数据的机会也随之增加。生成的数据越多，就能提供越好的服务，第三方接入的愿望也就越强。组织提供的服务越好，就会吸引越多的用户，而越多的用户又会产生越多的数据，这反过来又扩大了学习和网络效应的影响。通常来说，网络规模越大，生成的数据越多，算法就越好，那么在规模和范围的影响下所交付价值的增长速度就越快。

网络和学习效应的自我强化循环使竞争的本质发生了巨大的变化。随着组织的发展，传统运营模式所能交付的价值已没有上升空间，这意味着传统的运营模式将难以控制竞争者的出现，新来者能够威胁现有者，因为老公司的规模优势虽然巨大，但也并非无法超越。即使规模较小的新公司也能通过提供有趣的创新方案而同样具有竞争力。想象一下，一家乡村旅馆也能从万豪度假酒店夺走一部分顾客。但是，随着网络和学习效应推动更多的价值交付，传统的约束条件消失了，交付的价值将持续增加，或许增加的速度还越来越快。如果网络和学习效应很明显，并且很少出现多宿主和脱媒现象，那么出现竞争的可能性就会减少，市场就会趋于集中。

随着数智化运营模式交付越来越多的价值，如果竞争对手在规模、范围和学习方面较弱，其生存空间就会不断被压缩，那么传统公司将难以维持产品的盈利性。尽管酒店公司仍会存在，但其利润正在转移到"操作系统"层。新的以人工智能为中心的"旅行体验运营系统"模式具有巨大的可扩展性，正在改变竞争态势，将万豪、希尔顿、凯悦和其他传统运营商逼入困境。

未来十年将出现一场争夺万亿美元全球旅游市场的历史大战。为了更好地了解这场战争以及许多类似的碰撞会如何发展，让我们重新审视传统电话商与数字电话商之间的碰撞。这个故事已是老生常谈了，但是如果从新的视角加以分析，就会有许多有趣的发现。

经典案例

　　诺基亚成立于 1865 年，最初是一家造纸厂，最终成长为全球移动通信的领先者。《福布斯》杂志在 2007 年 11 月的封面文章里描述了诺基亚在业界的领先地位，而仅仅五年之后，该公司的手机业务就彻底崩溃了。诺基亚的手机业务以 70 亿美元的价格出售给微软，不到 2007 年估值的 1/10，而几年后又仅以几亿美元的价格再次出售。诺基亚从行业支配地位顷刻跌入万丈深渊。[2]

　　一家似乎一切都无懈可击的公司怎么会出现这种情况？诺基亚创造了产品创新、设计和可用性的奇迹，发明的很多新功能至今仍在使用，从触摸屏界面到第一个移动互联网浏览器，其设计还赢得过样式和可用性方面的奖项。它的营销组织对用户的不懈关注无人能比，制造工艺以高质量、低成本和丰厚的利润而闻名。在许多方面，诺基亚都是典型的产品公司。

　　诺基亚的公司架构与其他所有大型传统产品公司一样，不同的业务部门互相孤立且分布在不同的地区，它拥有专门的产品团队以及遍布全球的多个研发中心。诺基亚同时开展数百个研发项目，并且在十几个主要地区推出数千种产品。其产品开发团队优化了集成的硬件和软件功能，以此来适应特定的用户需求并进行出色的设计。支持其产品战略的是垂直整合的制造流程以及专用且响应迅速的供应链。诺基亚的竞争优势随着型号和设计的多样性而不断增强——每种型号和设计都针对不同的地区或细分市场，所有这些都得到了技术、专利、品牌和营销方面的投入支持。

但是，正如产品公司的通常做法那样，为了优化每个产品并使其满足不同市场和组织环境的特殊需求，诺基亚牺牲了数字方面的一致性。尽管对塞班操作系统进行了大量投资，但此操作系统只是该公司几种操作系统中的一种，甚至在塞班产品中，每部手机的软件都经过微调，以适应不同的用户界面、尺寸或用户功能。此外，开发者界面不稳定、不一致，也很不好用。当开发人员尝试为诺基亚的各种型号和操作系统版本创建应用程序时，所有这些都使他们大为头痛。诺基亚生产的所有产品几乎都需要重新设计（手工）应用程序，因此，诺基亚在2008年建立的应用商店（Ovi）从来没能吸引开发人员，也不能提供大量的应用程序，也就不足为奇了。

诺基亚的运作方式与其他任何一家出色的产品公司一样，可以优化生产针对某方面的差异化产品。因此，它没有标准的数字基础以获得规模效益，也没有成功的平台生态系统来形成范围经济，更没有一致的数据架构或实验平台来获得学习收益。

随后在2007年，苹果的iOS进入市场，紧随其后的是谷歌的安卓系统。iOS和安卓手机的生产不是依靠传统上以独立产品单元为特征的孤立产品业务，而是在一个软件版本、一个统一的数字基础之上。尽管它们具有电话的功能并在性能上与诺基亚相当，但是iPhone-iOS的组合形成了一个单一的数字平台，很快苹果就提供了一种优秀而一致的API，其设置与20世纪80年代以来对PC的构想非常相似。安卓迅速跟进并开放其架构，这样就出现了各种智能手机原始设备制造商（OEM）。

与诺基亚手机相反，iOS 和安卓手机吸引了第三方应用程序开发人员和服务商，这样就能够不断扩大其生态系统来补充电话的核心功能。与诺基亚分散的产品线不同，一致的 iOS 和安卓平台有助于形成大型应用程序开发人员网络，从而激发开发人员的强烈兴趣。这就出现了非常明显的积极强化循环：iPhone 和安卓的应用程序越多，用户参与度就越高；用户参与度越高，交易量就越大，流向开发人员和广告商的数据和价值也就越多。

随着开发人员和广告客户网络达到临界规模，iOS 和安卓的价值迅速增长。随着交付的价值超过了传统智能手机，价值曲线变得越来越陡峭。iPhone 和安卓已部署了数百万个应用程序，彻底抛弃了诺基亚那种基于产品的传统商业模式（见图 7-2 ）。包括黑莓、索尼、爱立信和摩托罗拉在内的其他竞争对手与诺基亚一起跌出了竞争版图。

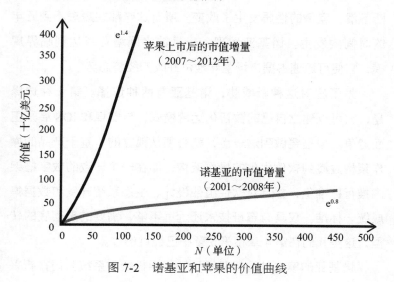

图 7-2 诺基亚和苹果的价值曲线

除了击败了传统的行业领先者，智能手机的碰撞还极大地改变了行业结构。几乎所有利润都从竞争激烈的硬件层迁移到了高度集中的软件层，通过捆绑硬件、广告和收费下载等补充性收入来源获取价值。虽然一切尚未尘埃落定，但似乎最终胜利将属于安卓，因为全球超过 85% 的智能手机都使用安卓系统。

具有讽刺意味的是，诺基亚发明并引入了现在智能手机的许多功能（触摸屏、集成摄像头、嵌入式搜索，甚至应用程序和应用商店），比 2007 年 iPhone 的问世还要早很多年。在与 iOS 和安卓竞争的这几年，诺基亚在研发方面的投入占到了收入的 8% ～ 15%，这是相当惊人的。但是，iOS 和安卓的架构是以截然不同的方式创造价值的。就像爱彼迎和 Booking Holding 的数据驱动模式像磁铁般吸引着旅游供应商一样，iOS 和安卓也牢牢吸引着应用程序开发商和广告商。诺基亚的市场份额不断下滑，竞争的性质发生了改变。所有这些都在短短不到五年的时间内发生。诺基亚发现，一旦数字网络业务达到临界规模，它便可迅速占据市场主导地位并改变经济态势。

为了应对这种新威胁，诺基亚有两种选择。第一种选择是，它可以建立自己的数智化运营模式，与安卓和 iOS 展开正面竞争。但是要做到这一点，就必须从孤立的、基于产品的操作架构过渡到软件优化的操作架构，即在一个一致的数字框架内推行标准化，并且对软件组件设计、生态系统开发和数据集成统一标准。仅具有塞班技术还远远不够，需要的是彻底的转型，这些我们在第 4 章和第 5 章中已经讨论过。

诺基亚的第二种选择是承认智能手机操作系统公司在新兴

领域的主导地位，并且致力为新出现的基于软件的竞争者提供配套生产。三星基本上就是这样做的，承认软件方面的劣势，重点开发硬件功能和组件。三星虽然没有达到 iOS 和安卓所具有的价值和盈利能力，但它得以幸存并且表现尚好。这种战略的独特之处在于，它成了业界为数不多的高质量屏幕显示器供应商之一——仍然是高利润（且重要）的利基市场。其他智能手机硬件代工厂的境况则截然不同，因为在竞争激烈的市场中它们的利润已经大大减少。但是尽管遭遇逆境，许多公司仍然顽强地生存着。

遗憾的是，诺基亚并没有尝试以上任何一种选择，这就可以解释其迅速衰败的原因了。诺基亚起初只是拒绝变化，试图通过在其现有运营架构中开发更多产品来应对这一威胁。但是，即使这种方法没有效果，公司的首席执行官史蒂芬·埃洛普仍拒绝承认安卓的明显优势，反而致力于对 Windows 移动操作系统的开发，而该操作系统所占的市场份额已经大大缩小。诺基亚没能从数智化规模、范围和学习中获利，而是选择对这种状况视而不见。

模式重复

类似智能手机的故事正在到处上演。我们认为，爱彼迎和 Booking Holding 对万豪和希尔顿形成了类似的挑战。亚马逊和微软的云计算服务正在取代传统的软件和硬件提供商，类似地，阿里巴巴和亚马逊等市场平台也正在取代传统的零售商。

数字 OTT[⊖] 视频内容服务（如网飞、Hulu[⊜] 和 Amazon Prime Video[⊜]）正在威胁传统的付费电视节目供应商。新的金融科技公司在互联网上提供以数据为中心的金融服务，正在与传统的银行和保险公司竞争。在整个经济领域，我们看到传统公司与可高度扩展的、数据驱动的、以软件为中心的运营模式发生冲突，利用网络、数据和人工智能来推动个性化服务，并且通过用数字网络连接其他服务提供商来扩展服务范围。各个行业的转型具有深远的意义，它整合了价值的创造、获取和交付途径来改变竞争格局和市场结构。

让我们再分析以前的和现在的几个实际案例。

计算机运算

在计算机领域，不同的运营架构之间已产生了数次冲突，每次冲突都会对产业价值链的新领域进行数智化改造。最具有影响力的变革可能发生在 20 世纪 80 年代，当时大型和小型计算机供应商与个人计算机公司发生了冲突。我们第一次看到了具有独立的模块化操作系统（如 CPM、DOS 和后来的 Windows 和 Mac OS）的数字平台结构。CPM 失宠了，但是 Mac OS 几乎一直都保留了完整的结构（苹果贡献了自己的应用程序），微软开发了 Windows——拥有成百上千的 API 和易于使用的 Visual Studio 编程工具，成为行业首选的操作系统。

⊖ OTT 是 over the top 的缩写，指通过互联网向用户提供各种应用服务。——译者注
⊜ 美国的一个视频网站。——译者注
⊜ 亚马逊的流媒体服务。——译者注

Windows 利用数字接口使软件应用程序的创建实现了模块化和分散化，构建了一个强大的生态系统。在鼎盛时期，每天有超过 600 万名开发人员为 Windows 开发软件、为各种应用程序供应商工作。开发人员生态系统产生了强大的网络效应，Windows 的统治地位持续了十多年，微软在 PC 操作系统中的市场份额最高时达到 90% 以上。谷歌能够在智能手机市场上日益占据主导地位，从许多方面来看它只是照搬了旧的 Windows 设置并添加了数据和人工智能，依靠量身定制的广告服务使收入大增。

近年来，云计算又一次引发了碰撞，实质上是对软件分销过程进行了数智化处理。云提供了一种新的商业和运营模式，用于分销各种计算服务，并且用户可以通过网络方式轻松获得灵活的计算能力，对计算、存储以及其他应用程序和服务都可以基于用量付费。云计算供应商的运营模式与传统的软件开源供应商完全不同，因为前者依靠建立广泛的数据中心来提供有效服务，而不是在店里出售软件或为企业安装预置软件。

在输给 Linux 和其他（主要是开源）类似公司之后，微软又重回市场竞争。为了迎头赶上亚马逊的网络服务，微软大力推动商业和运营模式的转变，成为第一批为商业应用程序提供优化云服务的公司。百思买（Best Buy）[⊖]和计算机商城随处可见的软件盒已经一去不复返了，诸如 Windows Server 和 SQL Server 之类的大规模预置系统也很快消失了。现在所有软件均可按需从云端轻松下载。亚马逊（主要通过 AWS）和微软（经

⊖ 美国的一家家用电器和电子产品超市。——译者注

过转型）现已成为世界上最有价值的公司，该行业的领先格局又会出现变化，这倒也不足为奇。

由于很长时间以来该行业一直存在各种碰撞，因此各公司很能适应转型。经验是一个方面，更主要的是与传统行业相比，这个行业公司的运营架构没有那么孤立和分散。如果一家公司已经按照软件和数据平台公司的设计进行架构，要将其转型来适应新一代技术就相对容易些。

零售业

亚马逊属于最早的一批在线零售商，1994 年随着万维网的问世而成立。早期的"电子零售商"运营模式，如亚马逊、drugstore.com、京东甚至 Pets.com，都实现了交易的数智化并搬至网上。线上零售商逐渐发展成为数字零售平台，亚马逊与成千上万个第三方商家开展合作，这些商家能够提供几千种商品，规模和范围都是空前的。如第 4 章所述，亚马逊重新架构了自己的运营模式以聚合数据并共享软件组件——设计一个功能强大、以数据为中心的运营平台，推动零售体验的巨大转变。

由于此次转型不够彻底，因此对传统零售商不足以形成巨大的挑战，而且在线零售商由于缺乏广泛的数据和分析，仍受传统供应链的困扰，因此并未产生巨大的网络或学习效应。最终，像 Pets.com 和 drugstore.com 这样的公司，在满足客户的独特需求方面并没有比传统商店做得更好。如果线上销售不进行个性化设置，则客户在网上面对品类繁多的商品时会无从下手，而实体店的店员如果训练有素的话反而会效率更高。亚马逊重构的以数据为中心、基于软件的运营模式足够形成威胁，京东和 Wayfair^㊀都在模仿这种模式。

转型不仅指在线交易，它还需要有一种截然不同的运营理念，这种理念的基础是通过数据和人工智能获得对客户的全面了解，从而提供一种线上线下都可实现的个性化零售体验（如亚马逊全食超市）。零售供应链要以软件为中心，人工因素从流程的核心移至边缘（如从货架上挑出异形产品），从而消除传统瓶颈和规模限制。到 21 世纪 10 年代后期，零售业的大洗牌全面展开，洗掉了包括玩具反斗城^㊁、Sports Authority^㊂、玖熙^㊃和 Brookstone^㊄等在内的传统零售公司。

零售业达成的共识是，只将业务移至线上并不一定就能击败传统的行业巨头，以软件和数据为中心的运营架构是关键。只有在线零售商意识到这一点，行业转型才能真正实现。[3]

娱乐业

Napster^㊅是第一家采用以数据和软件为中心的运营模式的公司，它成功地在娱乐业展开竞争。人们可以利用 Napster 软件将音乐数智化并免费在线共享——无须向音乐行业的各种播放器支付任何费用。它是在 20 世纪 90 年代后期成立的，目的就是提供音乐服务。尽管 Napster 广受欢迎，但它仍然受到

㊀ 美国的一个家居电商购物平台。——译者注
㊁ 美国的一家玩具和婴儿用品零售商。——译者注
㊂ 曾经是美国第四大体育用品零售商。——译者注
㊃ 美国的女鞋品牌。——译者注
㊄ 美国的一家零售商。——译者注
㊅ 一个音乐分享平台。——译者注

法律纠纷的困扰，于 2001 年关闭。在 Napster 之后，Apple Music、Spotify[○]和其他公司又与传统音乐发行公司出现了新的碰撞，它们在美国和其他地区改变了音乐发行的商业和运营模式。

这种碰撞从音乐行业扩散到视频行业。RealNetworks 成立于 1997 年，是第一家互联网流视频公司。[4] 到 2000 年，几乎所有互联网上的视频都是 RealNetworks 格式，但是其业务模式有赖于服务器软件的销售，而 RealNetworks 在与成熟的软件供应商（如微软和苹果）开展竞争时遭受了打击。

成立于 2005 年的 YouTube 和网飞（从 2007 年左右开始从 DVD 业务过渡到流媒体服务）真正促进了流媒体服务的蓬勃发展。YouTube 和网飞主要模仿音乐流媒体业务，为消费者提供了更具吸引力的价值主张，并且通过广告和订阅服务实现可扩展的价值获取模式。

但是网飞和 YouTube 的运营模式还是存在重大差异的，这对竞争具有重要影响。通过聚集大量的小型内容提供商，YouTube 积累了重要的网络效应，在市场上占据主导地位。网飞提供的流媒体视频服务出自较为集中的内容制作工作室，这些工作室通常存在多宿主现象，它们会在各种平台上提供内容。尽管网飞拥有的数据和学习优势很重要，但它们并不足以形成 YouTube 那种规模优势，这使诸如 Hulu、亚马逊等公司还能够持续提供具有竞争性的产品。由于缺乏强大的网络效应，每一家公司都试图通过与工作室建立特殊关系并进行垂直整合来

○ 瑞典的一个流媒体音乐服务平台。——译者注

推出独一无二的内容，以期望脱颖而出。数智公司现在拥有庞大的内容制作预算，正在对全球市场中大多数的传统公司发起挑战。

谷歌、网飞、苹果和亚马逊作为同一类公司与传统的有线电视节目和卫星电视节目供应商发生碰撞，它们的平台通过互联网向用户提供视频服务，这些平台已迅速发展了全球数亿个用户。尽管积累的网络效应各有差异，但每一家公司都利用以数据为中心的运营模式来开展竞争，从而推动了广泛的定制化和个性化服务，可以满足不同用户的观看需求。鉴于音乐和零售业的惨痛教训，传统媒体公司开始奋力寻找出路，它们与内容和互联网服务提供商合并，围绕数字核心进行转型和重构。康卡斯特和迪士尼已取得重大进步——从 X1 平台的开发到 ESPN 流媒体服务。

娱乐业的转型还呈现出其他有趣的现象。首先，既定行业中的原始创新者并不是常胜将军，如 Napster 早已是过眼云烟。仅有数智化运营模式还远远不够，要想真正对老公司形成威胁，创新者还需要部署有效的商业模式。此外，在与传统公司竞争的同时，数智公司之间也相互竞争。这样一来，它们可能会像网飞那样成为重点竞争对手，或者像亚马逊和苹果那样进行跨行业的资产和能力协同合作。由此而产生的规模、范围和学习经济将决定每个市场的赢家和集中程度。

汽车业

汽车正变得越来越具有关联性和数智化，而这种日益增长的连接性和功能正威胁着汽车公司的传统运营模式。运输工具与消费者形成的关联能够产生巨大的价值（例如，在美国人们平均每天的通勤时间大约为一小时，这一小时就足以产出很高的价值），仅在美国，就有数千亿美元。

要想从汽车运营中找到获取经济价值的机会，需要采用以数据为中心的数智化运营模式，就是在汽车上安装各种视频或音频设备来提供针对司机和乘客的点播服务或高度目标锁定的广告。诸如优步、Lyft 和滴滴之类的汽车共享服务已经开始实施这方面的操作，但最好的机会还是来自自动驾驶系统，因为消费者不需要专注于驾驶，这样就可以进行娱乐和社交互动，汽车其实就变成了带轮子的大型智能手机。新老公司都在为创造和获取增量价值而努力，这不足为奇。

Alphabet[⊖]在这方面走在前列。安卓系统已在移动业务中得到大规模应用，现在正准备为其母公司塑造汽车用户行为和价值获取方式。谷歌地图和广告网络也已经规模化，可以根据汽车定位设计相关的本地广告，下一步就是如何从用户那里获得商机了。汽车制造商在消费者的需求压力下，将核心数据公司连接到汽车中的仪表屏幕，从而将其服务直接集成到驾驶体验中。除了这些巨大的机会，Alphabet 的子公司 Waymo 正在开发无人驾驶汽车服务，该业务一天就可以赚取数千亿美元的收入。

这些变化将改变整个汽车行业。随着这一趋势的持续发展，交通的意义将不仅是拥有和体验汽车，还有出行时所享受

⊖　谷歌的母公司。——译者注

的便利和服务。当然，有些人仍想要亲自驾驶汽车，但是不同汽车的差异性会降低，因为大多数汽车硬件的生产可能会标准化，就像大多数安卓零件都是代工生产的那样。

正如我们在其他案例中看到的，汽车行业的转型影响的不仅仅是汽车制造商，而是会像多米诺骨牌效应一样颠覆一系列相关行业，包括保险公司、维修和保养服务商、道路和建筑公司、执法部门及基建单位，甚至政府也会受到影响，因为从地方政府到州、联邦政府，它们很多都要依靠各种形式的汽车税。

正如诺基亚的兴衰所表明的，随着越来越集中的软件层的出现，汽车制造商的核心业务将日益商品化。随着需求的饱和及汽车利用率的提高，制造商的收入和利润率将受到侵蚀。由于差异性已从硬件转移到软件和网络，基本上超出了制造商的控制范围，价格溢价将会直线下降。

传统汽车制造商该如何应对？与诺基亚一样，它们似乎有两种选择：要么挑战像 Alphabet 和苹果这样的核心公司，要么与它们合作成为它们的最佳供应商，这两种选择都具有挑战性。第一种选择意味着要与安卓和 iOS 之类的系统进行竞争，但它们已形成规模，还能提供诸如地图和广告平台之类的关键服务。第二种选择需要抵制汽车硬件及组件的商品化，这是功能和市场转移到软件层而导致的结果。

随着传统汽车业务的日益商品化，一些汽车制造商正试图参与车辆堆栈的软件和服务层。事实上，一些汽车制造商正准备推行即用即付模式，还有一些汽车制造商已经收购了大型汽车服务商或与之建立合作关系，如通用汽车对 Lyft 的投资或戴姆勒对 car2go 的收购。一些制造商还投资研发无人驾驶技术或与外部供应商进行合作。关键问题是它们能否聚集足够的规模、范围和学习优势来与业界老手竞争。

除了投资进行数智化转型并尝试新的服务业务和运营模式，汽车制造商可能还需要发挥数字核心的作用。另外规模需要达到一定程度才具有竞争力，因此汽车公司需要重新设计其运营模式来扩大规模，曾经互相激烈竞争的它们甚至要联合起来以达到所需的规模。

精密地图和位置服务提供商 Here 是一个有趣的案例。Here 的前身是 Navteq，它是最早的在线地图公司之一，早期被诺基亚收购，最近又被大众、宝马和戴姆勒财团收购。Here 提供了一套复杂的工具和 API，方便第三方开发人员开发基于位置的广告和其他服务，这是传统汽车制造商试图共同打造"联合"平台的一种尝试。这样，Here 消除了潜在的竞争瓶颈，也消除了来自谷歌和苹果的威胁。这种联盟可以发挥重大作用，防止汽车行业的价值完全被现有的数智公司获得。

未来十年汽车行业将出现重大的变革和转型。进入该市场的数智公司具有强大的竞争能力及规模、范围和学习优势，经验丰富且了解竞争的新态势，对此传统制造商不应小觑。

我们的发展方向

我们正在目睹新一代数智化运营模式如何改变服务交付

的本质和经济性。软件及以数据和人工智能为中心的体系结构正在消除传统的运营限制，形成跨行业的新一代商业模式，这些正在改变公司的竞争方式。已有证据表明，某些传统市场变得更加集中，出现了赢家通吃的现象。随着经济领域出现更多的碰撞，无处不在的数字网络越来越多地把不同的行业加以连接。我们的整个经济体系也好像一个庞大的、高度连接的网络，这个网络的中心是少数几个数字帝国。

新一代的核心公司已经出现，如苹果、Alphabet/ 谷歌、亚马逊、百度、Facebook、微软、腾讯和阿里巴巴，还有本书提到的许多其他公司。除了对传统竞争对手形成挑战，核心公司的运营模式还能连接和协调以往较为分散的行业，从而在我们的经济体系中占据日益重要的地位。这些公司在真正为用户创造价值的同时，还获得了体量巨大且不断增长的价值份额，它们正在塑造我们共同的未来。

除了对单个市场产生影响，核心公司还准备在关键网络中创建和控制基本的连接。安卓操作系统正在远离电话行业的领域形成竞争瓶颈，它所拥有的数十亿个用户的访问量正是其他产品和服务供应商梦寐以求的。亚马逊和阿里巴巴将海量用户与大量零售商和制造商进行连接。腾讯的微信平台聚集了全球十亿个用户，并且为提供网上银行、娱乐、运输和其他服务的企业提供了重要的消费者访问通道。

用户越多地使用这些网络，他们对于企业的吸引力就越大（甚至是强制性的），因为企业要利用这些网络提供产品和服务。随着规模、范围和学习发展带来的回报不断增大，这些数字帝

国可以掌控关键的竞争瓶颈，获取超乎想象的价值并实现全球
竞争平衡（见图7-3）。正如我们所有人看到的，其影响远远超
出了经济领域。

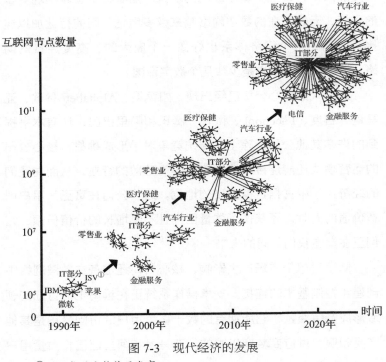

图 7-3　现代经济的发展
① ISV 指独立软件开发商。

数字技术代替传统流程的速度呈指数级加快。软件平台提
供了最初的动力，但是技术变得日益成熟，超越了相对简单的
应用软件水平。数据、分析和人工智能的影响正在逐步增强，
提供了多种可能性。随着数字技术越来越多地与我们经济和社

会的各个方面发生碰撞，诺基亚的命运同样会降临在媒体、银行、汽车和旅游等行业。即使是百年的老公司，万豪和希尔顿等也要进行投资来推动重大转型，整合不同的数据资产，开发分析和人工智能功能，努力对传统运营模式进行重构。

这些碰撞除了影响领头的企业，还会影响我们整个经济及社会、政治体系。随着各行各业逐渐整合成一个庞大的网络，价值和信息的集中不仅创造了机会，还带来了新的问题。从对消费者隐私的侵犯到越来越多的网络威胁出现，再到虚假宣传活动和经济差距，数智化运营模式的普及正在引发一系列新问题。

管理者要反思和控制自己在日益数智化的经济中所发挥的作用。下一章我们将聚焦一些重要问题。

第 **8** 章

数智化规模、范围和学习的道德规范

正如我在其他地方与你探讨过的那样，如你所知，"你的"服务驱动算法并不是为了将高质量信息与错误或误导信息加以区分，其后果对公共卫生领域的影响尤其令人不安……

当更多的美国人将你的服务作为他们的主要信息来源时，你以该有的严肃态度承担起这份责任至关重要，特别是在涉及公共卫生和儿童健康时。感谢你对此重要问题的关注。

——节选自美国众议院情报特别委员会主席亚当·希夫（D-CA）
2019年2月致谷歌桑达尔·皮查伊和Facebook马克·扎克伯格的信，
亚马逊的杰夫·贝佐斯也收到了希夫类似的信件

众议员亚当·希夫之所以写这些信件，是因为亚马逊、YouTube（谷歌旗下的）、Facebook和Instagram（Facebook旗下的）等社交平台上出现了反对疫苗接种的宣传。希夫的担

忧并非多余：在 2000 年麻疹就被认为在美国已完全消灭，可
2019 年 4 月美国的麻疹发病率出现了第二次高峰。[1] 虚假的健
康信息不仅在美国存在，类似的公共健康问题正在欧洲和整个
亚洲和南美洲凸显出来。

显然，像 YouTube 和百度这样的平台具备快速传播海量信
息的能力，这也使它们成为大规模传播错误信息和煽动偏见的
引擎。推动数智公司不断获得回报的规模、范围和学习能力同
样也会产生显著的负面影响。

因此，数智化运营模式正在引发新的道德思考，这是管理
者面临的新考验。学习算法处于数字系统的核心地位，也可能
被滥用于修改和放大那些不准确和有害信息，从定位和塑造误
导性广告到创造高度仿真的虚假社交角色，以此从用户那里获
取个人信息。为人工智能提供动力的巨大数据集也容易受到网
络攻击，导致各类敏感信息被泄露和消费者隐私被侵犯。

人们普遍认为，企业领导者应该始终考虑社会责任，要在
运营过程中对客户、员工、股东、合作伙伴和社群负责。但是
业务的数智化有可能产生一些新的问题，损害利益相关方，这
对传统的商业道德框架和准则而言是一个考验。

我们将这些挑战分为五大类：数字放大、偏差、安全、管
控和不平等。各种类型的组织都会遇到此类挑战，如腾讯、
Target⊖、Facebook 和 Equifax⊜——这些企业越来越依靠数据、分
析和人工智能驱动并与数字网络连接。所有这些因素导致了新的

⊖　美国的一家零售百货公司。——译者注
⊜　美国知名的信用机构。——译者注

道德挑战成倍增加。在新老公司中，领导者都应该意识到，他们新培养的数字能力很有可能以意想不到的方式发挥作用甚至被错误使用。

更重要的是，由于我们在本章描述的问题会影响所有人——管理者、领导者和公民，因此不应该被忽视。为了确保我们的组织以及政治、社会制度的健康发展，每个人都必须了解数智化运营模式可能产生的问题，一旦有苗头出现，立刻准备应对。

数字放大

希夫给亚马逊、Facebook 和谷歌的信是针对一些算法的，这些算法用来优化视图、购买、广告点击和个人参与。但即使一个简单的学习算法（基于点击量和营业额获得的回报）也很容易带来问题，因为它提供的内容有可能强化偏见及其他错误思想，或者准确地锁定易于受到影响的用户。嵌入这些算法的运营模式具有巨大的规模、范围和学习潜力，这意味着可以针对亿万个人（理论上）提供个性化版本的有害信息。

草根反对疫苗接种运动靠的是社群成员，他们认为某些接种会导致严重的疾病。这场运动可以追溯到 18 世纪，但近年来它的影响被社交网络、视频流媒体网站和广告定位技术成倍地放大。一项对 260 万个 Facebook 用户长达七年半时间的研究发现，反对疫苗接种运动造成的影响受到回声室效应的推动：用户只看那些与自己看法一致的帖子而忽略了不同意见，还会急忙加入强化这种偏见的团体。[2]

　　这一运动的影响力是惊人的，仅在得克萨斯州，2018 年就有至少 5.7 万名学龄儿童因非医疗原因不接种疫苗，这个数字比 2003 年增加了 20 倍。[3]欧洲和美国的卫生官员将过去十年来麻疹和百日咳等危险疾病的暴发归咎于反接种运动。[4]

　　反接种运动绝不是单个的现象，推动其产生的方法和机制正在被用于系统地创建各种回声室，尤其在政治、社会和宗教领域。在某些方面，这类回声室与有线电视和收音机媒体一直以来形成的回声室类似，但传统媒体不易达到与数字网络同等的规模，而且与社交网络不同的是，传统媒体不能够实时调整信息，而提供谷歌搜索结果或 Facebook 社交广告的算法可以自动将精准的个性化信息推送给用户，以最大限度地提升用户的参与度。此外，传统媒体不具备以零边际成本帮助活跃用户分享其内容的优势。[5]

　　数智化规模、范围和学习可以放大任何偏见所产生的影响，即使并非有意去损害或影响主流观点。我们的同事迈克·卢卡、本·埃德尔曼和丹·斯维斯基是最早进行此项研究的学者，他们对爱彼迎的研究表明，房主对那些名字听起来像欧洲人的租客和听起来像非裔的租客的态度是不一样的，对前者的接受程度要比后者高出 16%。其他学者随后的研究也发现，爱彼迎的房主同样歧视名字听起来像 LGBTQ⊖群体的客户。[6]

　　⊖　女同性恋者、男同性恋者、双性恋者、跨性别者及对性别认同感到疑惑的人的缩写。——译者注

同样的偏见也困扰着金融服务业。即使像 Kiva 这种明确要为弱势群体提供金融服务的小额贷款平台，也存在这种偏见。[7]

爱彼迎或 Kiva 出现的歧视现象并非有组织的行为，只是房主或者一些贷款人所具有的隐性或潜意识偏见被数字系统加以放大。即使真正心存恶意的人比例很小或几乎不存在，数智化运营模式的放大潜力也会使许多人受到困扰。

遗憾的是，人类的偏见、争端及错误信息的加剧并不是新的伦理挑战的唯一方面。我们应该通过核查数字算法本身具有的偏差来扩展思路。

算法偏差

一般来说，数据输入的质量和构造算法时的假设将决定所生成预测的质量。俗话说："垃圾输入，垃圾输出。"下面让我们来研究两种常见的算法偏差，它们可能导致严重的人工智能决策缺陷。

选择偏差

当输入的数据不能准确地代表被分析的总体或分析的环境时，就会出现选择偏差。例如，亚马逊公司在 2018 年发现，如果采用基于内部员工绩效的人力资源系统去筛选求职者，就会降低女性求职者被录用的可能性，因为支撑预测的基本数据主要基于男性工程师的简历。[8] 据路透社的报道，"它排斥包含'女性'一词的简历，像'女性国际象棋俱乐部队长'这种表达。它还贬低了两所女子学院的毕业生"。类似的问题也发生在金融、保险和执法领域。想象一下，被一种明显（或隐含）包含性别（或种族）歧视的算法拒绝一笔贷款会是什么感受。

选择偏差造成的问题远远超出了日常的商业决策。例如，在 2017 年的一项研究中，麻省理工学院媒体实验室的乔伊·勃拉姆温妮和微软研究公司的蒂姆尼特·格布鲁发现，基于人工智能的脸部识别软件（来自微软、IBM 和 Face++[⊖]）几乎可以正确识别所有白人男子的性别（准确率达 99%），但是对于皮肤较黑的女性准确率只有 65%[9]（作者指出，这三家公司没有描述它们的训练数据，这是该行业常见的失误）。正如勃拉姆温妮在她的 TED 演讲中所讲的那样，产生差异的原因可能是训练数据集主要由白人面孔组成，"如果训练集不能真正做到多样化，任何偏离既定标准太多的面孔都将难以识别"[10]。

2016 年，一家名为"青年实验室"（Youth Laboratories）的俄罗斯公司举行了一场由人工智能评判的国际选美比赛，比赛结果出现了同样的问题。这场被命名为"人工智能选美"的比赛，得到了微软和英伟达公司（NVIDIA）的支持。[11] 参赛者中有数千名来自非洲和印度，但 44 名获奖者主要是白人，少数是亚洲人，只有一位是黑人。青年实验室的首席技术官和评选工作首席科学官将结果归咎于训练数据集缺乏多样性。正如副

⊖　北京旷视科技有限公司旗下的新型视觉服务平台。——译者注

主编乔丹·皮尔森所分析的那样，这是因为人工智能选美的算法是在现成的开源数据上进行训练的。

标记偏差

偏差也可能在对数据打标签的过程中产生（见第3章），这是一项通常被众包的工作。在2016年的一篇论文中，埃米尔·范弥尔顿伯格研究了Flickr30k数据集（超过三万张由众包人员标记的图像）。他发现，许多众包标签都存在偏差，例如，一个女人和一个男人的形象被标记为一个女人和她的老板进行谈话。在范弥尔顿伯格看来，"众包对图像的描述存在偏差"[12]。

标记偏差的例子多不胜数。2017年，普林斯顿大学和巴斯大学的计算机科学家发现，在进行了似乎理性的打标签之后，一个常用的机器学习模型将"女性"和"女人"与家政和艺术与人文领域的职业相关联，而将"男性"和"男人"与数学和工程领域的工作相关联。[13] 根据《卫报》的一份报告，这种模式也"更有可能将欧洲裔美国人的名字与愉快的词联系起来，比如'礼物'或'快乐'，而非洲裔美国人的名字则更经常被与'虐待'和'邪恶'等令人不快的词相关联"。[14]

在2017年的另一项由弗吉尼亚大学的维森特·奥德奈兹和华盛顿大学的马克·耶茨卡开展的研究中，微软和Facebook提供的研究图像集被证明具有性别偏见：烹饪图像与女性相关，而运动图像则与男性相关。[15] 研究人员发现，标记过程有效地放大了人类的偏见。正如《连线》杂志中所描述的：

"在数据集上训练的机器学习软件并不是简单地反映人类的偏见，而是进行了放大。如果一组照片通常将女性与烹饪联系在一起，那么由这些照片及其标记训练的软件就会产生更强的关联。"

由专家标记的数据也同样存在偏差。已有研究显示了医学诊断中存在的偏差（如过度治疗）是如何轻易转化为标记偏差的。[16] 偏差是医学成像中的一个特殊问题，数据集被专家医生打标签，以帮助算法识别各种病理。我们自己在哈佛大学的创新科学实验室的研究已经表明，颌面外科医生和牙医在使用 X 射线检测牙科疾病方面的假阴性率约为 50%，因此由他们标记的数据集不仅照搬了他们的错误，还进行了放大。在使用专家标记的数据时，客观的结果度量（有时称为正确数据）是必不可少的，但是很难获得相关数据。

某种形式的算法偏差实际上是不可避免的。在选择中，任何训练数据都不可能涵盖所有可能的情况。打标签的过程实际上对观察对象进行了内在简化处理，这要受到标记者本人知识和观点的制约。更广泛地说，算法的设计就是为了达到某个目标，而这本身就引入了一种偏差。

以一种新闻提要类型的算法为例，它决定了社交网络上显示的内容。该算法应该达到什么目的？使参与度最大化，优化广告支出，避免使用敏感数据和保护消费者隐私，保证显示信息的准确，或者尽量减少对敏感数据的依赖？这些标准以及其他许多标准都很重要，它们需要设计人员深思熟虑，使算法可以依照特定的设计方式加以权衡，来应对极端的道德挑战。当该算法进行各种权衡，同时要确定向数百万甚至数十亿人提供哪些内容时，发生严重错误的可能性会很大。

算法偏差的研究在许多方面还处于起步阶段。虽然偏差不可能完全被消除，但还是要了解它是否普遍存在，并且努力使之减少。因此，对于管理者而言，理解这一现象并研究相关对策至关重要。第一，模型的选择很关键，模型应该与精心选择的目标相匹配。第二，用来训练算法的数据集应该仔细选择，必须确保数据来源透明、适用并具有代表性，能够最终解决问题。

以上方面表明算法运营模式中涉及的伦理挑战非常复杂，甚至要求所有主体都不能出现失误。但遗憾的是，现实情况比较严峻。

网络安全

阿里云每天要阻断 2 亿次暴力攻击、2000 万次黑客攻击和 1000 次 DDoS 攻击，这只是众多例子中的一个。[17] 网络攻击的规模、频率和影响令人生畏，而人工智能的发展及其所需的大量数据集的积累只会使这个问题更复杂。此外，一种全新的网络攻击正初露端倪，数智化运营模式的优势被用于暴力目的。

信息泄露

我们先看一下较为常见的信息泄露。以 Equifax 为例，

2017 年 9 月该公司泄露了 1.479 亿个 Equifax 客户的社会保障号码、驾照编码、信用卡号、出生日期和家庭地址——数量几乎是美国人口的一半。[18] 就像一位 Equifax 前经理所说，把所有这些敏感的个人数据储存在一个地方为"噩梦"打开了大门——《华尔街日报》称，这是一场本来可以避免的噩梦："理查德·史密斯在 2005 年担任首席执行官时，Equifax 是一家稳定的、增长缓慢的信用报告公司。""他计划通过增加消费者数据存储并使其货币化来对公司进行变革。"[19] 此事曝光后史密斯便从该公司退休了。

事实证明，发动这次袭击的组织并不是专门针对 Equifax。美国政府问责局的说法是，Equifax 事件是因为攻击者广泛搜索包含特定漏洞的站点，并使用 Apache Struts 开源框架来创建企业应用程序。[20] 站点上的漏洞允许执行远程代码，这使得第三方可以安装程序，查看、更改或删除数据，甚至创建新账户。

在攻击者发现 Equifax 网站上有漏洞的前两天，美国国家网络安全和通信整合中心（NCCIC）就已经发现了这个问题（史密斯指责一个员工没有按照 NCCIC 的警告更新软件）。[21] 黑客组织一发现漏洞便迅速进入 Equifax 的系统，找到了一个包含许多未加密用户名和密码的数据库。配备了 Equifax 证书的攻击者在 Equifax 的防火墙后面找到并查询了 50 多个数据库，他们把攻击掩盖成正常的网络活动，直到 76 天后才被发现。[22]

在发现信息泄露后，Equifax 领导者的表现非常糟糕。该公司在 2017 年 7 月底发现遭到黑客攻击，即使在发现黑客已经窃取了大量客户个人信息的情况下，它仍推迟了一个多月才对外宣布此事。在此期间，Equifax 的首席财务官和其他两位高管共同出售了该公司价值约 200 万美元的股票。[23] 此时消费者和投资者仍被蒙在鼓里，不知道已经发生了有史以来最大规模的个人信息被盗案。

显然 Equifax 的信息失窃并不是孤立的现象。在过去的十年里，许多公司和组织都承认存在网络安全漏洞。许多公司都曾被黑客入侵，包括微软、万豪、安德玛、索尼影业、国际足联、安森保险和美国邮政局。泄露的信息包括消费者私人信息、漏洞跟踪数据、信用卡号、患者的信息、员工详细信息，甚至包括索尼影业首席执行官的家庭健康记录。有人说过这么一句很有名的话："世界上只有两种公司：那些已发现被黑客攻击的公司和还未发现被黑客攻击的公司。"[24] 有人说这是约翰·钱伯斯的名言，但很显然是罗伯特·米勒在 2012 年说的。

各个组织的领导者现在都非常清楚，他们有基本的法律和道德义务来保护他们从客户、员工和合作伙伴那里获得的信息。但随着我们对数据的依赖程度不断增强，信息保护变得越来越难。考虑到分析和人工智能对数据的需求量不断增大，这一趋势并没有减缓。当然也不乏专门的咨询公司提供方案保护公司免受网络攻击，更多的公司正在采取更安全的措施，如双重认证和正规的 IT 安全治理框架，这些无疑都是重要的举措。

除了对安全技术、治理和培训的一般性投入，高管们必须认识到他们有责任保护数据安全。至于 Equifax，正在等待接受消费者金融保护委员会和联邦贸易委员会的处罚。[25]

Equifax 发生的信息泄露是因为其系统陈旧，安全程序复杂难懂，组织程序混乱，以及领导层对网络安全总体上缺乏重视。[26] 但是信息泄露的普遍性凸显了网络安全是众多公司面临的共同挑战。网络安全投资必不可少，应该投入资金升级过时的 IT 系统，提升预防和检测网络威胁的各种技术与服务，打造正确的文化和组织能力。此外，发现漏洞存在时，反应迟缓、沟通滞后都会极大地加剧信息泄露对公司和消费者的损害。因此，公司也应该在了解、模拟和部署网络响应机制方面加大投入，这既是为了应对实际运营的挑战，也是一项法律和道德责任。

数字劫持

要认识到安全挑战不仅限于传统的网络攻击，现在出现了一种新型网络攻击——用于暴力目的的数字劫持。例如，2019年 3 月，一名枪手先后在新西兰克赖斯特彻奇市的两座清真寺杀害了 50 人，并且用随身摄像机在 Facebook 直播频道对整个过程进行直播。当时大约有 200 人观看了直播，但是并没人对这个直播视频进行标记。

直到 17 分钟的直播结束后，大约又过了 45 分钟警方向 Facebook 发出警告，后者才关闭了该频道。但那时，这段视频已经被浏览了大约 4000 次。尽管在接下来的 24 小时里相关人员一直在尽力删除该视频，但它仍继续通过社交媒体传播，后面还有跟帖煽动更多针对穆斯林的暴力。

Facebook 称，大概有 150 多万人次试图向网络上传该视频，其中有 120 万人次被及时发现进行了删除，但许多人设法对视频进行修改以避开 Facebook 的监管，如重新进行编辑，改变音频，或者添加水印和徽标等。YouTube 面临着同样的难题，尽管它做出了一系列努力，但仍不能阻止该视频被复制传播。用尼尔·莫汉（YouTube 的首席产品官）的话说，"这是一场旨在传播病毒的悲剧"[27]。

合作应对

随着数智化运营模式扩大了组织的规模、范围和学习能力，社会正日益面临一系列新的网络安全挑战。这些挑战旨在威胁美国的社会和政治机构基础，从传统的泄露私人信息，扩展到更加系统和日益复杂的活动。关键是这种威胁不仅仅针对谷歌和 Facebook，还延伸到从索尼影业到 Equifax 的各种新老公司。

许多公司正组织力量来打击这一新型犯罪，但正如 Equifax 的案例所显示的，我们要做的是找到问题的薄弱环节。在接到警方电话后，Facebook 才关注到克赖斯特彻奇市的枪杀视频，如果有更多的观众更早地提出这个问题，那么该视频的传播范围就会大大缩小。共同防御网络风险，人人有责。随着挑战的规模和范围不断扩大，个人、管理者、企业和政府领导者需要携起手来，共同努力。

重要的是要注意，并不是所有的有害甚至非法事件都很容易被识别出来。在明确无误的网络攻击与授权第三方使用或公开使用客户数据之间有大量的灰色地带。这些灰色地带通常是由许多接口创建的，这些接口将数智化运营模式彼此连接，以利于数字经济依托的业务网络正常运行。这就引出了平台管控的相关问题。

平台管控

纵观全局，我们不仅有责任创建工具，更要确保用其来做好事。

——Facebook 首席执行官马克·扎克伯格在 2018 年美国
参议院听证会上的讲话

与大多数平台公司一样，Facebook 希望能够塑造和控制其生态系统，确保其工具和技术不会造成损害，但如何正确地行使这种控制权目前尚处于摸索阶段。人们在争论如何以一种不损害言论自由的方式定义扎克伯格所说的"好"，以及如何相信像 Facebook 这样有自己独特文化和政治倾向的组织能够为他人做出恰当的决定。然而如果不进行控制，一个数据丰富的数字平台会产生各种问题。

2015 年 12 月，《卫报》报道，一家"鲜为人知的数据公司"剑桥分析（Cambridge Analytica）为剑桥大学心理学讲师亚力桑达·科根提供资金，资助他利用 Facebook 的用户数据来评估美国人的心理属性。[28]《卫报》透露，科根从 2014 年就开始与剑桥分析的母公司 SCL 集团合作。

在 SCL 的资助下，科根利用众包平台 Amazon Mechanical Turk 开展付费调查。被调查者需要下载一个应用程序，而这个应用程序能够获取他们自己及他们 Facebook 好友的相关信息。正如《卫报》后来指出的那样，"科根有 SCL 想要的东西：一个'较老的'Facebook 应用程序，可以依据 2014 年前的社交网络服务条款进行工作。这就使得程序开发人员不仅可以从安装程序的人那里获取数据，还可以从他们的朋友那里获取数据"[29]。2014 年之后的服务条款禁止了这种数据收集行为。

剑桥分析总部设在英国，由美国对冲基金亿万富翁罗伯特·默瑟资助，帮助客户利用根据 Facebook 的数据构建的心理档案来影响选民，向潜在选民精准投放宣传广告。[30] 在 2015 年，该公司为英国脱欧运动和泰德·克鲁兹的总统竞选提供帮助。[31] 当克鲁兹的竞选活动于 2016 年 5 月结束时，该公司又开始参与特朗普的竞选活动，据《拦截组织》(Intercept) 报道，特朗普的顾问史蒂夫·班农曾担任剑桥分析的管理者。[32]

2018 年 3 月，在首次被爆料两年多之后，《纽约时报》和伦敦的《观察家》(Observer) 发表了联合调查的结果：科根向剑桥分析提供了 5000 多万人的数据，剑桥分析利用这些数据创建了 3000 万人的资料。有 27 万人下载了科根的"个性简介"(personality profile) 应用程序，他们无意中使恶意主体能够访问大量美国人的敏感信息（科根声称他在这件事上充当了替罪羊）。[33] 有证据表明，剑桥分析对英国民众使用了类似的策略来帮助英国的脱欧运动。[34]

哪里出现了问题？又是谁的失误？自 2007 年起，Facebook 平台的开发人员可以将诸如游戏、新闻等应用程序与社交网络的一些功能连接互动。很快，由数十万个开发人员编写的成千上万个应用程序被引入。平台逐步发展，又引入了更多的各种应用程序，包括 Facebook Connect（允许用户使用 Facebook 账户登录到外部站点）和 Open Graph（一种允许外部站点在它的 Facebook 账户上发布用户活动的协议，如用户正在 Spotify 上听什么）。在五年内，Facebook 平台发展到可以支持 900 多万个应用程序，这为 Facebook 庞大的社交网络社群提供了非常广泛的服务。所有这些似乎看起来都不是问题，至少当初不是。

但是平台允许开发人员收集用户朋友的有关数据，而当事人并不知情或没有授权许可，问题就出现了——Facebook 就曾经遇到过这样的情况，科根的应用程序在其平台收集数据并出售给剑桥分析。2015 年《卫报》就此事进行了报道，Facebook 立即回应说剑桥分析违反了 Facebook 的数据使用条款，这些条款允许研究人员获得用户数据用于学术研究，但是是在用户同意的情况下（用户可以在创建账户时进行选择）。Facebook 禁止将科根使用的数据出售或转移至"任何广告网络、数据经纪人、其他广告服务或相关货币化服务"[35]。

Facebook 立即暂停了剑桥分析对平台的访问权，并且要求该公司删除相关数据。剑桥分析删除了数据，但显然没有做到完全消除影响。接下来会发生什么就更加难以判断了。Facebook 没有坚持要求对该公司进行审查，其实根据协议条款它是有权这样做的。放弃可能是一个错误，但也可能因为即使审查也很难彻查此事。[36]

剑桥分析事件是一个让人颇为警醒的例子，进行数智化运营的组织对平台的管控会遭遇种种挑战。数智化规模、范围和学习的大部分能力来自数字平台的开放性和连通性。在几乎所有数字模型中，每个系统都与各种网络中强大的、相对开放的接口相连，这极大放大了数字系统的功能，但也可能被用于设计师从未料到的其他用途。即使发现存在问题，控制它们的难度也很大。除了网络安全挑战，平台管控还涉及设计出如扎克伯格所说的那种"用来做好事"的系统，但如何定义"好"并非易事，几乎难以做到。

创新者构建的生态系统可以在平台上产生意想不到的新生事物，这也是数字平台的缺陷。对于平台如何抵御意外侵害，人们并没有明确的对策。平台越开放，风险就越大。例如，一些观察家批评苹果的 iOS 和应用商店平台相对封闭，它们有严格的规则，并且应用程序要获得正式审批，然后才能在应用商店列出供用户下载。然而，谷歌的安卓系统越开放，谷歌的应用商店中就会有越多的恶意应用程序向数百万个用户传播恶意软件，有些情况往往连谷歌自己都一无所知。[37] 因此，一个平台公司该如何把握开放和封闭之间的平衡？

显然，当一个平台包含和共享与第三方相关的资产时，其管控问题更加复杂，最主要的是消费者数据。包含广告平台的运营模式尤为棘手。以谷歌广告（以前的 Adwords）和 Facebook 广告为例，它们都构建了完整的软件平台，使用成熟的 API 来帮助广告商精准锁定目标消费群。我们注意到，这种目标定位不仅对广告商有价值，对消费者也有用，他们可能想收到所需的而非随机的广告信息。

但是，如何在推送相关信息和侵犯隐私之间划清界限呢？同一个广告可能受到这个消费者的欢迎，却对另一个消费者造成困扰甚至冒犯。另外，该由谁来做出决定呢？广告平台本身是否应该利用编辑权限来判断每个广告的适当性？例如，谷歌的质量评分过程——这有助于在搜索结果页面进行广告定位，是基于点击率、相关性、登录页面质量和各种其他因素的一种评判，但对这种做法的争议多年来一直持续不断。尽管有些人认为这是对广告质量的必要把控，但其他人则认为这是侵入和反竞争性质的。

所有这些问题，至少在美国是与宪法对言论自由的保护背道而驰的。但对于那些开放性质的内容平台来说，控制和管理往往被看作变相的审查，令人不爽。越来越多的高管和公司利益相关者将面临这个问题，即由私有主体来管控公共行为，但很少有人具备处理此类问题的能力，难以找出恰当的解决方案。

与放大、偏差和安全一样，平台管控面临的挑战使每个人都意识到必须进行新的道德考量。另一个因素使上述所有的难题变得更加紧迫：随着数智化运营模式驱动着网络和学习效应，各组织之间的不均衡性将趋于增强，市场会更加集中。这种不均衡性越来越凸显公司、社群和消费者之间的差异，引发社会对公平的关注。如何定义商业价值甚至整个经济决策权的公平分配？这种分配会如何影响收入和价值共享？

公平和平等

Spotify 正准备进行斗争，反对苹果及其音乐流媒体业务——苹果音乐的市场垄断。这家瑞典公司于 2019 年 3 月提出了反垄断诉讼，苹果对所有进驻 iPhone 的应用程序都收取 30% 的交易费用，Spotify 认为这使得它无法与苹果音乐竞争。此外，Spotify 还抗议苹果对其应用商店的应用程序加以限制，以此来对其平台生态系统进行控制和塑造。因此，Spotify 正在试图抵制苹果的平台控制策略，苹果则辩称平台管控能够确保苹果手机软件一贯的高品质，并且免受病毒和恶意软件的攻击。

不单单是 Spotify 对苹果向应用程序供应商收"税"感到不满，网飞和电子游戏开发商 Epic Games 和 Valve Corporation 也对此颇为不满，它们还试图绕过苹果应用程序商店。这一问题源于数智化运营模式带来的另一个根本性挑战——前面章节所探讨的各种网络效应会导致市场的集中。移动平台的网络效应非常显著，会造成更明显的集中趋势。消费者往往只选择一个平台使用，因此苹果有效地控制了对 iPhone 用户的访问，就像谷歌控制对安卓智能手机用户的访问一样，在大多数国家都是如此。如果 Spotify 想要进入 iPhone 消费者的宝贵社群，它几乎别无选择，只能遵守苹果的规则和定价规定。

　　亚马逊的零售市场可以使数百万个合作伙伴向亚马逊的在线用户销售产品，它也同样存在类似的问题。虽然大家都承认亚马逊为各种小企业提供了充分的机会，但是销售商抱怨亚马逊会进入最具潜力的细分市场与它们直接竞争。哈佛商学院的朱峰和俄克拉何马大学的刘启红对 22 个产品子类别下超过 150 000 种产品进行了系统研究，他们发现了大量证据支持这种说法。[38] 我们自己的研究也发现，当强大的平台与自己的互补者竞争时，很难进行协调磋商。[39]

　　这一现象比较复杂。我们已经看到了平台或核心公司如何运用庞大的市场力量来影响竞争。然而，我们在第 6 章中也讨论了多宿主和网络集群现象是如何对大型网络公司形成强有力的抵制的。最终，沃尔玛的在线市场可能成为在线卖家的另一选择，这就形成了对亚马逊的制约。在共享汽车的例子中，多宿主的乘客和司机网络已经削弱了优步、Lyft 和滴滴等公司的垄断性，使它们难以提高价格以增加利润。网络集群使竞争更加有效，因为任何打车服务，或者具有一定本地规模的出租车服务，都可以成为大型共享汽车公司之外不错的选择。

　　优步和 Lyft 等公司一直在努力减少市场中的多宿主和集群现象。它们已经在应用程序和服务中实现了全局功能，比如用户每次乘车时都可以自主选择音乐。它们尽量通过设计特定的应用功能、定价折扣、奖金结构，甚至为司机提供贷款等各种激励措施，确保司机们只与它们合作。当这些策略都不能奏效时，它们甚至会直接收购竞争对手，就像优步在 2019 年首次公开募股（IPO）之前收购了中东地区领先的汽车共享公司 Careem 那样。[40]

每种情况都各不相同，充满了各种微妙元素，但是我们很难否认这样一种普遍趋势，即当整个经济被互相连接时，塑造和控制这些经济网络的公司就会发挥越来越重要的作用，能够施加前所未有的影响，它们获取的高额利润就足以证明这一点。广泛部署的人工智能驱动和以数据为中心的运营模式更是强化了这一态势。集中已经成为现实，从智能手机到通信行业都是如此，这一趋势有可能很快就扩展到诸如汽车制造业和农业这类多样化的产业。监管机构和立法者已经注意到这一现象，坚持在联邦和地方两级加强对数智公司的审查。

然而，问题是客观存在的，也很难有奏效的解决方案。打破赢家通吃的现象意义不大，剩余的企业中还会出现赢家，原来的问题又会重现。相反，我们应该努力修复和改进数智化运营模式，而不是破坏它。当企业的管理出现问题时，例如 Facebook 面临着用户隐私方面的挑战，需要的是一个反应迅速的高效监管框架，正如扎克伯格本人所倡导的那样。[41] 针对这一问题，社群应该能够提供帮助并发挥积极作用。

问题很微妙，很难进行各方权衡。但如果我们齐心协力共同应对这些难题，相信一定能够找到解决方案。最关键的是新一代的领导者应该了解这种新责任，并且积极主动地应对新挑战。

新的职责

现代公司的领导者不能忽视这种新的道德挑战。它们需要各种实用的技术和解决方案。显然，我们并不是孤军奋战。谷歌和微软正在大量投资进行算法偏差的研究，Facebook 也正在投入大量资源来解决虚假新闻和有害内容的问题。[42] 甚至像 Equifax 和民主党全国委员会这种传统组织的领导人，也在积极采取补救措施。[43] 为数智化规模、范围和学习涉及的伦理问题把握方向已经成为一种普遍的管理趋势，势在必行。

负有最大的责任的是在经济和社会中最有权力并占据网络核心位置的组织。在生物生态系统中可以找到有助于对此的理解的类比。与现代经济一样，生物生态系统是高度连接的物种网络，它们共同依赖最关键主体的行为。在一个生态系统中，基础物种对于保持整个生态系统的可持续性尤为重要。从提供筑巢区域到雨水引流，这些物种发挥着特别关键的作用，它们通过特定的进化行为来维持生态系统的健康，其影响范围不仅是自己的物种圈，而是整个生态系统。把基础物种移除会极大地损害整个系统的可持续性。

类似地，Facebook 和 Equifax 等公司也有效地影响着其商业网络的正常发展。它们的业务活动传播到所有网络节点或社群成员，无论是发布视频内容、申请贷款、销售广告，还是分享信息。这些核心公司逐步占据了重要位置，拥有丰富的网络连接，这就为整个网络的价值创造提供了基础，它们已经成为经济和社会系统的必要条件。它们负责提供我们许多人所依赖的服务和技术，它们的消失，甚至出现的问题都可能导致灾难性事件。

但正如许多公司领导者已经意识到的那样，网络核心的角色也意味着责任。在许多年前，本书作者还在生物类比的基础上定义了基础战略的概念。[44] 基础战略使核心公司的目标与网络目标相一致。通过提升网络（或商业生态系统）的健康，基础战略也同样有利于公司的长期业绩。

这一战略的重要特征是它注重协调内外部需求，塑造和维持公司所依赖的健康网络。当谷歌进行技术投资以去除算法偏差时，它其实正在部署一个基础战略。当 Facebook 把其网络中的有害视频删除时，它也在做同样的事情。关键是维护业务网络的健康不仅是一种道德责任，也是保证其长期发展的唯一途径。

这一概念与杰克·巴尔金和乔纳森·齐特林提出的信息信托观点类似。[45]

在法律中，受托人可以是个人或公司，其需要受人之托，忠人之事。例如，财务经理和规划师受客户委托来安排其资金。医生、律师和会计师都是信息受托人，也就是接受信息委托的个人或公司。医生和律师有义务保守客户的秘密，不能利用收集到的客户信息来做违背客户利益的事。[46]

谷歌和 Facebook 等公司在重要的经济网络中位于控制中心的地位，它们能够获得广泛的消费者信息。作为信息受托人，它们能够从社群收集信息，也有责任保护社群的信息安全。让我们再次引用巴尔金和齐特林的话：

> 应该围绕信托责任这一理念制定相关法律。公司要承担信息受托人的责任：要遵守一系列公平的信息处置规定，包括安全和隐私保障，以及披露信息泄露情况等；要承诺不利用个人数据歧视用户或滥用用户的信任；绝不向他方出售或传播消费者信息，但是按规定可使用的除外。联邦政府要进行新的联邦立法，以取代不一致的各州和地方的相关法律。[47]

齐特林和巴尔金进一步认为，立法机构和相关法律法规，特别是在集体诉讼的威胁下，可能形成额外的压力迫使核心公司接受这一观点。微软已经表示，它将接受全面的隐私立法，部分原因是为了在面对限制时获得主动权。[48]Facebook 也表示了类似的意愿。[49]

这些公司的领导者本欲控制（数字）经济，最终反而在很大程度上肩负起了维护其正常发展的责任。通过占据权力和影响力的中心位置，核心公司事实上已经成为维护经济长期健康发展的管家。在对公众的压力做出回应的同时，苹果、阿里巴巴、Alphabet 和亚马逊等公司的领导者越来越意识到，自己对数以万计个其他公司和数十亿个消费者的经济体系具有巨大影响。从以上公司控制的生态系统中受益的核心公司也有维持健康经济的重要理由，这个生态系统不仅包括它们的股东，还有它们组织和服务的庞大社群。因此，这些数智公司应该开展一致行动，以维护它们（和我们所有人）赖以生存的网络能够持续发展。许多领导者已了解其中的利害关系，至少在理论上如此，现在需要推动他们采取行动。

我们已经看到了数字网络和人工智能的深刻影响，它们重塑了新的运营能力和战略原则，也催生了新的道德困境。但除了这些已经显现的变化，我们还要思考它所产生的长期而广泛的影响，集思广益应对新挑战。我们将在下一章讨论这一问题。

CHAPTER9

9

第 章

新纪元

除绝对的匮乏之外，没有什么能够驱使一
个曾经诚实和勤劳的庞大人民团体，做出对他们
自己、他们的家庭和社区如此有害的过激行为。

——摘自拜伦勋爵就卢德运动在上议院的讲话，
1812 年 2 月 27 日

在游戏中，新纪元是超越现有游戏规则或超越传统游戏限
制和约束的新场景。一个新纪元的出现就像改变棋盘上的下棋
规则，或者打桥牌中途改变游戏规则。

人工智能时代正在改变我们所有人的游戏规则，但这并不
是说机器人能够完全取代人类。人工智能时代是指一种新型公
司出现了，它以更加微妙的方式利用人工智能来打破古老的运
营限制，推动新价值的产生，推动公司的发展和创新。软件驱
动的公司在嵌入数字网络和运营模式及人工智能工厂后，就能

够以新的方式创造价值并改变我们的经济和社会规则。

我们的新纪元正在创造巨大的机会，经济的增长、科技股的蓬勃发展，以及一些最优秀的传统公司的进步都证明了这一点。但完全理解新规则、处理新问题并应对日益复杂的状况，对我们而言还颇为困难。

历史的某些瞬间或许能为我们提供一些启发。

似曾相识

规则发生根本性变化这种情况以前也曾出现过，那是在 18 世纪之初伴随着工业革命而来的。生产资料的技术变革推动了价值创造和获取手段的转变。事实上，早期的工业化标志着运营模式的一种转向，即实现工作专业化、组织组件化和对生产过程精心设计和监督。

以往的产品全是由工匠们手工制作的，这种生产方式逐步被效率更高的专业化大规模生产所取代。之前由技术娴熟的工人精心制作和安装产品的每一个组件，而现在则由技术工人使用专门的设备制作每一个组件，然后在另一个专门的生产线上进行组装。这一流程的变化改变了所需的技术和能力，并且重新定义了行业界限和竞争态势，同时对财富的创造和分配产生了巨大影响。随着这种变革对社会的影响不断增强，一波又一波的经济、社会和政治变革浪潮使这种影响扩大至全世界。

对这一变化较早做出反应的是卢德运动，它于 1811 年出现在诺丁汉附近，并且迅速蔓延到英格兰各地。卢德分子反对由燃煤驱动的新型自动纺织机和由此出现的大批量生产的工厂，因为这些工厂正在取代传统的纺织生产方式。以往编织工、裁剪工和棉纺织工都在家工作，享受着丰厚的收入和大量的休闲时间，因此不愿意自己的工作被专业设备所取代。现在这些工厂只需要数量少得多的低技能工人在庞大的、环境肮脏的车间里操作这些设备即可。正如我们所看到的，工业革命打破了原有状况，淘汰了传统能力和生产方式，也形成了新的伦理困境。

一些工人尝试讨价还价，要求公平分享工厂增加的利润，另一些人则要求对布料多征税，以帮助那些失业的工人，还有一些人试图放慢安装新机器和建设纺织厂的速度，这样工人们就有更多的时间适应新的行业形势，而工厂老板则拒绝任何此类要求。

1811 年 11 月，六个脸被煤熏得黝黑的工人闯进了爱德华·霍林斯沃思的家庭工厂，捣毁了六台裱框机。一周后，这些人又烧毁了霍林斯沃思的房子。袭击蔓延到其他城镇，每月有近 200 台机器被毁坏。

攻击者们具有一种扭曲的幽默。他们在向制造商发出的警告信中编造了一个神秘的卢德将军（或卢德国王）作为煽动者。这个名字似乎受到内德·卢德的启发，内德·卢德是一名学徒，他挨了主人揍，就砸坏了主人的织袜机进行报复。

卢德分子尤其对新财富集中到工业家手里感到不安，他们认为这是以牺牲工人阶级的利益为代价换来的。这一运动变得越来越暴力，卢德分子还组织了几次暗杀行动，直到英国军队派遣了 14 000 多名士兵到爆发卢德运动的各个郡[1]。有 20 多名卢德分子被绞死，另有 51 人被流放至澳大利亚。

卢德运动集中体现了我们在新纪元出现时目睹的那种不安。在工业革命之初，现代公司的特点就是采用一种革命性的运营架构推动专业化进程，而新的生产技术使之成为可能。新技术把生产方式细分为专业化且清晰具体的工作内容和组织单位，所有这些都使传统的手工生产方法显得过时。我们可以跟踪这一根本性的变革，看它如何在不同行业实现标准化和专业化，从服装制造到汽车的生产和装配，甚至从银行业到快餐业的整个服务行业。

从 19 世纪初到 20 世纪中叶，现代公司所带来的变革浪潮是深刻的，它摧毁了旧体系并具有普遍意义，最终触及了世界经济的大部分。总体而言，欧洲和北美的平均生活水平有了显著提高，但是，工业革命也使拥有生产资料的少数人和没有生产资料的多数人之间的财富差距扩大。此外，转型造成人口流离失所，增大了生活的不确定性，从而加剧了社会和政治局势的紧张。

新时代

进入人工智能时代，游戏规则又要发生改变，我们应该仔细关注出现的新规则。

规则 1：变化不再是局部的而是系统性的

人工智能时代由持续的和系统性的变革因素所驱动，工业革命由一系列单独的技术创新浪潮推动，随后扩大至全球范围内不同的行业和地域，而这次变革的推动力量在全球范围内的所有行业同时发生作用。我们的整个经济现在服从于摩尔定律。

1975 年，戈登·摩尔推测集成电路中晶体管的数量每年会增加一倍，计算能力也会相应提高。如今晶体管的数量增加趋势有所放缓，但总的计算能力继续提高。事实上，摩尔定律的重大启示可能就是一个简单的思想，即随着时间的推移数字机器的性能不断改进和提高。数字技术逐渐并且持续地变得越来越先进、强大，具有更广泛的适用性——这一趋势并没有放缓的迹象。随着软件技术、人工智能和 ML 算法以及计算体系结构的进步，连续几代积累的数字技术将被应用于更广泛的领域并持续提高性能。数字技术已成为全系统转型的必然引擎。

工业革命时期的发明涉及个别工业或产业集群，即使应用最广泛的蒸汽机，对制造业和运输业的影响也大于对银行或卫生医疗等行业的影响。然而，数智化转型会同时影响整个工业体系。数字技术和人工智能正在满足越来越多的需求，并且使各种难以置信的事情成为现实。我们已经可以看到它们制作音乐，回复邮件，进行广告定位，解读 X 光片，定价，交易股票，帮乘客预订交通工具或实现采矿设备的预先维护。

此外，当前的系统性发展趋势丝毫没有减缓的迹象，因为用于人工智能和计算技术的人力、技术与财力在继续扩大。更多的事实表明，这还只是刚刚开始。因此，我们的挑战是要认识到所有行业都在进行快速转型，巨大的变革浪潮会席卷整个经济社会。

推动变革的数字引擎带来了机遇，也带来了挑战。虽然人工智能从来不能与人类思维相媲美，但事实上越来越多的工作将被人工智能取代或加以提升，这为开创新事业提供了前所未有的机遇。但是随着许多传统工作实现数智化，许多岗位不可避免地会出现一些调整。有几项研究表明，这会产生非常大的影响，目前的工作有一半可以被人工智能或软件系统取代。[2] 埃里克·布莱恩约弗森、汤姆·米歇尔和丹尼尔·洛克（分别来自麻省理工学院、卡内基梅隆大学和麻省理工学院）提出了更让人惊讶的见解，他们的研究表明，机器学习将会影响几乎所有职业，改变每一类工作的性质，无论是何种收入水平和专业的。[3]

我们不应该对这些惊人的预测太过吃惊。毕竟，至少一个世纪以来，现代运营模式已把许多人工的工作设计成标准化程序，并且可预测、可重复。从收银机扫描商品到制作完美的拿铁，从心脏移植到设计一所房子，许多工作的完成受益于公认的方法和标准化的程序，并非人类的创造力。毫无疑问，人工智能将使许多工作具有更丰富的内容，也会产生各种有趣的机会。但与此同时，人工智能不可避免地会造成许多岗位的调整。

像工业革命一样，人工智能时代整个经济体系都将被改变，然而这一影响的速度和广度是工业革命的很多倍。用不了100年时间，全球经济的所有部门都将实现数智化转型，这会创造前所未有的商机和各种新的消费者盈余，从医学的突破性进展到即时交货，但并非每个人都能成为赢家。劳动力供应增加和岗位减少已经处于上升趋势。[4] 即使工作被数字自动化取代了，还有其他工作可做，但机器代替人的问题可能会变得越来越严重，在今后十年这一严重性就会显现。

规则 2：能力越来越具有横向性和普遍性

正如工业革命所显示的那样，技术变革会改变能力性质。然而，人工智能的作用方式截然不同。在所有领域，以人工智能为动力、以网络为中心的组织与拥有高度专业化能力和技能的公司进行竞争。然而，在人工智能时代，竞争所需要的不是传统的专业化能力，而是一种更广泛的能力。开始于工业革命时期的技术发展轨迹发生了戏剧性的转变，在人工智能时代许多垂直的孤岛组织和专业能力变得不再重要，丧失了竞争力。

随着算法模型可以完成越来越多的任务，竞争优势正在从纵向能力转向普遍能力，如数据获取、处理、分析和算法开发——建立人工智能工厂，采用可以自动进行决策的运营模式。随着这一转变的持续进行，我们会看到传统的差异化战略明显受到侵蚀，还会出现一类更广泛意义上的新型竞争对手。这种侵蚀不仅改变了经济力量的平衡，还会造成传统专业化的逐渐消失。

新的普遍性能力将重塑各种运营任务，并且扩展到战略规划、业务设计甚至领导决策层面。各种数字和网络设置的策略相似，运营绩效的驱动因素也是如此。相对于传统的行业知识和专业性，每个市场都更加青睐新的驱动力量如网络和学习效应等。当优步寻找新的首席执行官时，董事局会雇用一个经营过数智公司（Expedia）而不是大型运输服务公司的人。

我们正经历着时代的变迁，之前不同公司的核心能力差异较大并深嵌于组织之中。而在新的时代，由算法驱动的数据和分析发挥着关键作用，计算能力托管在计算云中可供任何人使用。这就是为什么亚马逊和腾讯能够在信息和金融服务、视频游戏和消费类电子产品、医疗保健和信用评分等不同的行业进行竞争。现在，所有部门需要一个类似的技术基础以及共同的方法和工具，所有这些都是由大规模计算能力驱动、按需供给的。这样，基于成本、质量和品牌资产的差异化不再取决于特定的纵向专业知识，而取决于公司在网络中的地位、积累的差异化数据及新一代分析策略的部署。

规则 3：传统的行业边界在消失，重新组合是王道

很多行业最初都是从传统贸易行业演变而来的，以满足工业革命所需的日益增强的专业化。现在这些明确的界限正在逐步消失，数智化使以前互相隔离的行业建立了普遍联系。

谷歌制造汽车说明了这一点。数字接口使运营模式很容易跨越旧的纵向分工，并且以具有高度连接性的新商业模式进入新行业。因此，随着普遍能力的不断延伸，在一个环境中提炼的数据和进行的分析对于其他环境仍然有用，并且数字机器很容易连接成为大规模网络，不同的行业可以相互融合。数字网络不像以人为中心的组织那样会受到各种限制。

传统组织在规模或范围上获得的回报不断减少，而许多数字网络却享受着持续增高的回报，因为不仅规模得到增长，还与其他网络建立了连接。[5] 我们已经看到了蚂蚁集团如何利用网络和人工智能管理各种平台业务。亚马逊（利用会员制）和腾讯也采用了类似的模式，腾讯的短信和游戏平台已经扩展到金融服务和医疗保健领域。这种发展对许多现有的传统公司形成了巨大的挑战。

公司高管们曾经被建议：如果追求卓越，就要把自己的事情做好，在自己熟悉的行业发展。然而，在人工智能时代，如果公司不善于利用不同市场的客户和数据就会处于不利地位。从电信服务提供商到汽车制造商，许多公司发现它们正在与其他领域的公司竞争，这些公司利用新的商业模式进行整合、捆绑操作，交叉补充产品和服务。如果领导者不了解范围扩张的动态特性，公司的商业和运营模式就会面临风险。

然而，通过重组进行新的价值创造并非没有成本，也可能会对现有主体产生负面影响。扩大专属社群接纳新成员会使一些老成员不安。优步网络上司机数量增多或者亚马逊平台上卖家数量增多都会损害长期合作者的经济利益，并且现有网络增加一个新节点就可能增加网络威胁。更多的任务实现数智化和网络化确实会产生价值，然而并非所有的参与者都能从中获益。

管理者越来越需要了解重组的动态特点。一些公司可能需要制定让自己获益的网络桥接策略，同时发掘新的机会来利用自己的数据并充分利用以往不同行业之间的关联性。其他公司则需要迅速采取行动来保护自己，预测其产品和服务面临的潜在威胁，这一问题也许可以通过提高忠诚度和差异化加以解决。

规则 4：从运营模式的限制到无摩擦运营的影响

随着数智化运营模式不断地取代传统的行业流程，传统的运营限制也被逐步解除。这就是为什么新一代公司能够以前所未有的速度发展到前所未有的规模。Facebook 新闻和信息服务的用户量比美国整个邮政系统服务的用户量还要大一个数量级。

此外，数智化规模使重要流程越来越多样化，不仅影响业务效率和经济回报，还会影响社会和政治活动。从亚马逊到微信，数智化运营模式正在塑造非常多样化的人际互动方式。信息通过网络以几乎零边际成本被瞬间发送给无限数量的接收者并被基于云的强大计算能力快速处理。从精确的产品推荐到个性化广告，许多经济、社会和政治活动的推动力量正在以一种高效的无摩擦方式发生作用。

然而，正如许多工程人员所意识到的，消除摩擦并不总是一件好事。无摩擦系统不稳定，难以找到平衡。想想没有刹车装置的汽车，或者无法减速的滑雪者，一旦进入运动状态，就很难让无摩擦系统停下来。类似的情况也适用于病毒模因，一旦一个数字信号开始传播，它就能够不受规模和范围的限制而迅速到达各个网络。信号一旦发出就几乎无法使它停止，即使发出该信号的组织或者控制网络核心的组织也无能为力。回想一下，在克赖斯特彻奇枪击案发生之后，尽管 Facebook 和谷歌不遗余力地想要挽回，但该视频已被传播数百万次。

很明显，无摩擦过程会产生重大问题。一个虚假的标题能够以极快的速度在各种平台上传播，被数十亿人看到，人们还对它进行各种改编来扩大影响和增加点击量。和克赖斯特彻奇枪击视频一样，即使某个内容被社交网络进行了标记，在互联网上仍会有不同的版本继续被传播和"点赞"。在传统媒体时代，这种巨大的影响范围简直难以想象。因此，无摩擦、人工智能驱动的传播过程可以是信息、意见的强大放大器，当然它也是偏见和攻击的强大放大器。如果你想要发送一则信息，没有比这更好的途径了，它可以迅速将定制的符合要求的内容发送给数十亿人。但是，营销者的天堂可能是民众的噩梦。

无摩擦运营模式使公司能够以前所未有的速度扩大新业务。在确保产品与市场相匹配之后，传统组织的可扩展性边界被绕过，用户数量、参与程度和收入都以前所未有的速度增长。但由于它们创造的价值以前所未有的速度增大，数智化规模、范围和学习也会给组织的领导和治理带来一系列新挑战。目前很多机构还不能很好地应对这些挑战，它们不仅需要努力应对知识的快速更新，还需要具备更强的反应能力。

规则 5：集中和不平等会日趋严重

与工业革命一样，转型造成了社会财富的再分配和集中，但这一次，数字网络的强大力量加剧了这一现象。网络的发展导致交易和数据流的集中，由此加剧了控制权和价值的集中。

随着越来越多的交易在网络上进行，网络核心正变得日益重要。之前我们已经讨论过像谷歌、Facebook、微信和百度这样的核心公司，它们将消费者、公司和整个行业联系在一起。一旦一个核心公司与某个经济点形成高度连接（如爱彼迎与房屋租赁或阿里巴巴与点对点零售业），它就又可以形成新的连接从而获得巨大的优势（如爱彼迎与旅行体验或阿里巴巴与金融服务）。虽然这些发展趋势并不新鲜，但近年来这些连接的高度数智化极大地加快了转型速度，以我们难以想象的程度增强了数据核心的重要性。让我们思考一下，少数的几个（数据）核心是如何对一个个行业进行整合和重塑的。

网络核心公司积累了权力和财富，这加大了数字技术带来的挑战（如岗位的减少、能力的侵蚀和技能的淘汰），集中加剧了工作岗位的不均衡，也加剧了公司之间的不均衡，进一步跨市场、行业和区域对财富、权力和相关性进行了细分。这自然使社会笼罩着不公平感、挫折感和愤怒，特别是在某些细分市场和地区。在工业革命时期我们看到过类似的情况，但人们不禁要问，由于当前的趋势在规模、速度及影响方面是前所未有的，其潜在的冲击力是否会更大。

新旧缺陷

工业企业的崛起与目前的转型模式形成了有趣的对比。不难想象，新的时代是如何推动经济和社会发生变革的，这些变革至少与工业革命一样意义重大。得益于闪电般的沟通速度和全球经济的紧密联系，这些变革进行的速度将更快，覆盖的范围也更广。

经济的数智化程度似乎已经超过了一个拐点。随着数智公司的影响力继续扩大，我们开始看到公众的信任和凝聚力明显下降。多年来，社会分裂的迹象一直很明显——占领运动（Occupy movement）和黄背心运动（Yellow Vest movement）就是这种分裂的标志，暗示着我们可能对数字创新及其巨大价值过于着迷。蓬勃发展的股票市场、语音控制的家居环境和无人驾驶汽车对我们而言充满了吸引力，我们可以尽情开发新时代的惊人潜力。但是，不受限制的数智化运营模式也带来了各种挑战，这一趋势正变得越来越明显，从经济差距的扩大到各种极端政治观点的出现，再到人们遭到流氓主体的攻击。有时政客们、监管机构甚至一些科技领导者会做出一些不明智的决定，反而加剧了这种紧张局势。

所有这些揭示了新时代根深蒂固的脆弱性，威胁到了社会上一些非常重要的机构。随着软件和算法重新定义工作性质并重塑行业和市场的战略动态，我们开始意识到它们所产生的广泛影响。我们正面临日益扩大的经济差距、随处可见的新闻偏见及彻底的政治操纵，还有失业和转型的挑战。很显然我们面对的是一个复杂的综合性难题，它随时都可能发难。

这些问题需要新的方法加以解决。值得庆幸的是，许多优秀的领导者不仅关注如何提升股票价格，还开始更多地关注员工、客户、合作伙伴和社群。随着数智化转型的加速，需要考虑的因素还会更多。仅仅对员工进行再培训或者学习先进的管理方法是不够的。我们又一次面临着因价值创造、获取和交付手段的改变而导致的就业岗位减少。要应对这些变化——伴随着由此产生的收入、影响力和权力的再分配，管理工作者和相关政策需要考虑更多的内容，从创新性目标投入到为冷门的专业或偏僻的区域创造就业机会，还要考虑基本收入问题。由于领导者的决策越来越多地影响着我们社会的共同发展，因此，他们可能更多地受到普通民众的评判，而非华尔街的金融家们。

在这里，拜伦勋爵的演讲可以提供有用的指导：

> 如果在骚乱的早期能够举行会议来解决这些问题，如果这些人及其雇主（因为他们也有冤屈）的不满能够被公平、公正地加以权衡和审查，我认为或许可以找到方法来使这些工人恢复工作热情，使国家重回安宁。[6]

现代公司的成立导致出现卢德分子。在如今发达的经济环境中，大多数人的生活和工作都离不开现代公司。而人工智能时代再次创造了新的规则，它是一个需要智慧的时代。

在第 10 章中，我们向领导者提供一些应对这些新挑战的建议。

10

领导力再造

你所有的研究、所有的学习、所有的知识，
如果不产生智慧那又有什么价值？

——伊恩·班克斯，《武器浮生录》

相比于丰富的数据、分析和人工智能，我们似乎仍然缺乏管理智慧。或许因为人工智能时代的新规则正在重新定义公司的作用，我们还没能真正理解其内涵。旧的假设似乎不再适用。组织的资产和技术，以及管理资产和技术所需的工具与能力都在发生巨大的变化，不断扩大着组织的影响和范围。随着流程与软件相结合，随着数据、分析和人工智能推动越来越多的业务活动与管理决策，公司的概念也在不断演变。这带来了管理方式的变革，创造了各种机会。尽管我们在这方面已颇有进展，但仍需攀登求索。

人工智能时代清楚地定义了什么是领导力再造。简单地说，我们必须找到更明智的方法来领导日益数智化的公司。只进行巨大的工程改造显然是不够的。我们已重新设置了业务中的经济要素，并且使变革速度符合摩尔定律。但是，所有的组织每天都在创造和部署新的资产和能力，我们在抓住机遇的同时必须找到更好的方法对这些资产和能力加以管理。

领导力再造不限于特定类型的公司，也无论新旧。要想领导日益数智化的组织，我们必须有所行动——无论身处何种组织（老企业、小型初创企业、数字核心或平台、监管机构）还是参加组织周围的社群，无一例外。

领导力再造主要在四个领域发挥作用。

转型

我们谈了很多关于转型的话题。它需要从高层开始，激励和培养新一代领导者来完成艰苦的工作。我们再也不能一味地坚守原有的优势和能力，忽视新的运营模式，要知道这种模式正在横扫经济体系的所有重要部分。良好的整体表现取决于每个公司及其管理团队是否各司其职，因此任何组织都不应该袖手旁观。

如何对公司转型进行正确管理，路径应该清晰明确。技术支持可以以云服务方式提供给每个用户，有大量专家指导如何进行部署，还有大量的文章、书籍和在线课程讲解如何应用。最困难的部分是对组织进行变革，改变其运营架构，并且培育适当的技术、能力和文化以推动日益数智化的运营模式。我们已重点分析了一些最关键的转型步骤，但理论并不等于实践，虽然数智化变革已迅速在所有行业铺开，但目前还没有有效的备选方案。再高明的管理理论也要付诸行动，尽管困难重重，我们仍将一往无前。

即使我们对管理工作有了充分的了解，但将理论转化为行动也是对领导力的一个巨大挑战。说起来容易做起来难。随着组织内部传统的孤岛结构被打破，权力关系将发生改变，有些功能和技能的重要性将会大大减弱。因此必须全力以赴研究如何领导变革。

我们经常发现，传统公司对转型只是浅尝辄止，它们会设立试点或示范项目，但不会真正全面实施，特别是当它们明白转型会威胁到现有的模式时更是如此。即使真的加以实施，有些目光短浅的人也会进行干扰，影响实施进度。如果管理者不能清楚把握本行业发生的架构转变，或者不愿意挑战现状，转型就会失败。我们已经看到现有的电话制造商（诺基亚、摩托罗拉、黑莓）、视频发行和生产公司（百视达、维亚康姆）以及零售商（购物中心、大型零售商）都在经历这样的过程。

即使管理者认识到有必要进行架构转变并准备持续投入所需的资源，他们仍有可能面临重大的阻力。通用电气面临的难题提供了一个发人深省的例子。虽然该公司投资数十亿美元建立了 GE Digital[⊖]，该公司早期的成功也让许多人（包括我们两

⊖ 通用电气 2015 年创建的一个新的业务部门，负责公司的数智化转型。——译者注

位作者）印象深刻，可它仍然没能将转型进行到底。

GE Digital 被各种问题所困扰。一方面，它的技术被认为缺乏可靠性、稳定性和开放性，而只有具备这些特征才能保证其技术被客户和其他通用电气业务部门广泛采用。当 GE Digital 成长为一个独立的盈利中心（顶级事业部门）时，情况也并没有好转，并且越来越被通用电气的其他部门视为竞争对手。这些部门既没有采用其技术，也没有向它提供所需的支持，特别是在销售方面。另一方面，通用电气对电信巨头阿尔斯通的收购，还有它的重大财务问题等，都是巨大的干扰因素。

在公司转型开始后，要想成功就需要领导者激发组织上下全员持续的斗志。即使花费数十亿美元也不会使一个支离破碎的组织具有凝聚力。开明和坚定的领导可以在以下方面发挥巨大的作用——寻求途径弥补裂痕，出现分歧时促进大家互相理解并采取行动进行必要的改变。维托里奥·科劳是沃达丰的首席执行官，他为公司的数智化转型做出了巨大的努力，他说得好：

> 数据分析、自动化和人工智能就像一股强劲的风，组织的不同部门会受到不同的影响。在我的舰队中，有些船会加速行驶，而另一些船的帆较小不能获得同样的动力。问题是你是否允许每艘船以自己的速度行驶——就像我们一开始所做的那样；或者你想让整个舰队整齐划一，将其打包成一个大的程序——就像我们现在试图做的那样。让船只都保持一致对组织

是有益的，但是这样也冒风险，这会迫使它们保持某
个行进速度，而用这个速度前进容易被旁侧的风吹得
七零八落。[1]

我们强调转型对领导力的挑战不仅存在于传统公司。我
们之前已反复提到，每个核心公司都必须转型才能生存，转型
还要持续进行。考虑到其商业模式本身固有的极高风险，如
Facebook 的社交群体或蚂蚁集团网络中的个人隐私，数智公司
的领导者需要进行变革，需要奠定深厚的基础来确保其商业模
式及运营模式的安全、有保障和可持续性。

此外，我们还强调领导力的概念不应局限于一个组织的高
层。机会和挑战如此巨大，组织中的每一个人都应该被激励贡
献自己的力量，特别是那些正在建立和塑造公司核心系统的员
工。几个很优秀的人才就能改进我们所依赖的 Facebook 算法，
或者安装软件补丁确保我们在 Equifax 平台上的数据安全。我
们不能忽略领导者在组织中的作用，但同时也要认识到，组织
中的任何一员都有可能脱颖而出发挥关键的领导作用。

我们要重视对新一代领导者的培养、指导和遴选，他们是
新老公司的变革者。许多最优秀的管理者将不得不重新参加培
训，学习人工智能基础知识，学习如何在组织的商业和运营模
式中有效地部署相关技术。他们不需要成为数据科学家、统计
学家、程序员或人工智能工程师。就像 MBA 学生一样，他们
要学习会计知识并了解其对商业运作的重要性，但并不需要成
为专业的会计师。管理者也需要对人工智能及其相关技术和知

识堆栈有基本的了解。

合格的领导者应了解他们正在创建和领导的数字系统，并且充分认识到如果这些系统出错，将会引发哪些组织、道德、经济和政治方面的问题。优秀的数智公司领导者还需要理解较为柔性的问题，需要具备人文情怀，因为员工与越来越数智化的运营模式互动时必然会出现某些碰撞，他们要能够理解这些碰撞。管理者还应该具备推动组织持续发展所需的灵感、能力和文化。具备综合视角是关键因素，此外还需要通晓一些历史知识。有深厚技术背景的领导者会具有很强的创业意识，但是如果他不掌握人性化领导艺术并使其发挥对人、组织和机构的影响力，就会与传统公司的管理者一样，虽然很优秀，但由于对数智化运营模式、敏捷方法或人工智能不够了解，仍不能成为合格的管理者。

企业家精神

人工智能时代可能创造了文明史上最大的创业机会。数智化转型的范围是巨大的，人们只需要研究一下传统的流程、场景和用例，就可以明白如何利用基于人工智能的数智化方案更好地执行每一个环节，可以研究如何生成和传播内容、改进医疗保健行业，以及如何开发、制造、部署和维护设备，或者如何进行新闻报道。可以说，这个世界充满了创业机会。

本书提到的许多挑战其实提供了很多创新和创业机会。从确保网络安全到避免算法偏差，从打击虚假新闻到创造良好的就业环境，要解决这些问题，技术突破和创新将是主要途径。所幸的是创新成本已经大幅下降。由于数字技术的普及，几乎任何地方都能按需获得计算能力，各种类型的开源软件和硬件工具使发明创造不再是少部分人的专利。

　　然而，机会也需要加以研判和评估。最为重要的是不仅要审查创新技术的可行性或公司运营模式的可扩展性，还要深入分析、充分理解和科学评估公司的商业模式，以及考虑一些微妙的竞争影响。一个典型的例子就是优步，它多年来一直处于亏损状态，其 IPO 招股说明书甚至警告投资者，它可能永远不会盈利，但它一开始就吸引了近 250 亿美元的投资。[2]

　　我们已经讨论了优步的竞争前景，它的商业模式产生的普遍的多宿主和网络集群现象，可能使它永远面临广泛的竞争（见第 6 章）。优步和其他汽车共享公司的经营出现了一个悖论：提供的服务增加了消费者盈余（谁不想在五分钟内就能按需打到车），为 100 多万名司机提供了灵活的就业方式，然而，这种商业模式很可能不赚钱，只是提供了大量的边际就业机会，甚至可能因为加剧了城市核心区的拥堵而导致环境和交通的外部效应，因此对它进行投资很难说是明智之举。

　　更有智慧的领导者不仅考虑经济收益，还会考虑如何提升民众的生活质量。他们会更深入地考虑公司的社会责任：越来越多的数智公司将如何影响周围的社群？数智公司又会产生哪些社会和道德的影响？虽然许多公司在进行研发和工程投资，但迄今为止，很少有公司投入同样的精力和资源来探究其商业和运营模式造成的潜在影响。因此新成立的数智公司面临一个巨大的挑战，那就是如何充分理解它对现实世界的长期影响。

区块链公司就是一个很好的例子。由于其本身的特点，基于区块链的架构很可能是一种有效的方法，能够解决数字化和人工智能浪潮引发的诸多问题。[3]区块链空间嵌入了一系列有用的方法和技术，从分布式分类账到智能合约，从加密货币到对等网络。但要在行业和机构的复杂工作环境下运行，基于区块链的商业模式还需要有新的思维方式。尽管它拥有广阔的前景，但迄今为止区块链的影响——除了金融投机——是微不足道的。

只有当区块链公司调整技术以适应我们复杂的规范和制度，或至少帮助规范和制度变革，它们才能产生可持续的影响。随着区块链的成熟，各种技术可能越来越趋于被分解并加以调整，以满足各种机构的需求，从不可变的智能合约到新闻跟踪和供应链监控。因此，重大的商业模式创新将推动区块链技术不断获得成功。即使区块链技术真的有助于改善传统官僚机构的低效，那也并非可以一蹴而就。

如今，公司已经很难通过垄断某些静态资产和能力而获得竞争优势，在以往这种优势往往可以持续几十年。今天的领导者需要应对持续的变化和频繁的碰撞，这些变化和碰撞会影响其组织和竞争市场的性质。随着转型的开始，创新和创业会是重要的出路。领导者越具有创业智慧，组织的发展就越好。

规范

监管者正努力使其监管水平赶上技术的发展，目前他们已在反垄断和隐私保护等不同领域做出了巨大的努力，不断加强对数智公司的监督和审计。此外，地方政府也参与其中，如加强对优步和爱彼迎的监管。随着人工智能影响的持续增强，我们将看到各级政府对各个领域都实施广泛的监管，从交通安全到种族偏见。

监管机构已更多地关注日益增多的隐私保护需求。欧洲率先于 2018 年推出了通用数据保护监管（GDPR）系统，它帮助个人选择自己的数据如何被组织使用。最关键的是，GDPR 系统引入了基本的数据保护原则，如可以使用化名及拥有访问权和删除权，这使个人对自己的数据拥有一定的所有权。

监管是在默认情况下实施的严格控制，因此消费者必须选择退出才能不受监管。这自然对所有人有一定程度的保护。然而，也有人因此担心，能够对 GDPR 系统做出有效响应的公司将是大型技术公司，这就提高了初创公司的创业成本，同时更强化了大公司的管控力。

此外，围绕反垄断的争论不断升温，特别是针对数字核心公司。一些主要反垄断机构（大多数在欧洲）已经盯上了几家大公司，例如，20 世纪末至 21 世纪初针对微软公司，最近则对谷歌进行了反垄断调查。在过去的几年里，谷歌在欧洲因搜索服务和安卓操作系统中的反竞争行为而被罚以巨款。虽然欧洲竞争管理机构可能已经实现了许多最初的目标，但对于一个问题日益严重的经济体来说，罚款是否能够有效地解决根深蒂固的问题尚不得而知。针对侵犯隐私和实施垄断等侵害行为制定适当、有效的应对措施极具挑战，同时也是一个值得广泛探讨的开放性问题，意义重大。

所有这些工作都不应该各自分别进行。核心公司开始意识到，它们必须与政府合作来制定法规和政策。我们估计不会再看到类似微软的情况，在 20 世纪 90 年代微软这样的技术公司与反垄断执法机构之间是赤裸裸的敌对关系。苹果、微软、Alphabet（谷歌）和 Facebook 等，都在拓展复杂能力以影响监管措施。尽管政治游说能发挥重要作用，但人们越来越感受到真诚合作的重要性。就像公司会犯错一样，政府监管机构在监管它们并没有完全理解的系统和组织时也会出错，并没有一个完美的水晶球来帮助它们洞悉一切。

但合作只是第一步。实际上我们新的数字经济中存在的许多问题确实难以解决。不平等、隐私和偏见也很难去定义，更别说解决这些问题了。此外，这些问题是发展性的，它们在长短期内的表现各不相同。因此，除进行个别监管之外，最重要的解决办法或许是互相合作，可以邀请相关专家共同参与监管，进行必要的调整，制订出解决方案并推动对创新的监管。

社群

社群可以对数智公司进行核查和平衡，它们逐步成为监管的重要补充力量。

社群对软件行业的影响由来已久。Linux 操作系统的不断发展和演变是技术史上的真正突破。与其他主要的、广泛部署的软件程序不同，Linux 是由全球工程师社群管理、开发、部署和支持的。该组织过去（现在仍然）结构严密，治理规则和责任清晰，并且对贡献和错误有明确的奖惩。

所有这些都嵌入一个详尽的分布式测试过程中，由成千上万个社群成员共同推动。该软件过去是（现在仍然是）免费的，并且由 GNU 或 GPL 颁发公共许可证，这就保证了任何产品的衍生软件也将免费提供。开源软件激发了数百万人的热情和想象力，他们联手在全球范围内改进软件，并且受到技能开发、公司使命、内在享受、声誉建设、基本社群和共同事业等多维度的激励。

Linux 是迄今为止使用最为广泛的云操作系统，得到了各个公司的广泛支持，各种级别的需求都可以从主要供应商那里获得支持，如 AWS（亚马逊）、Azure（微软），还有谷歌云。此外，类似开源软件的方式已经被用来为各种项目提供动力，从网络服务器如 Apache 到浏览器如 Firefox。后者最初是网景公司开发的浏览器，随后成为开源软件，现由 Mozilla 公司管理。开源软件为各种受欢迎的产品提供动力，这些产品包括数据库如 MySQL、用户接口库如 REACT（最初由 Facebook 构建），还有现在几乎无处不在的机器学习框架 TensorFlow[⊖]（最初由谷歌构建，现在是开放域的一部分）。

开源方式的有效性远远超出了软件基础设施的发展领域。Craigslist 是一种开放的在线列表方式，多年来它一直占据多个市场领域，后来被无数专业网站模仿，从优步到爱彼迎，概莫能外，但最典型的例子可能是维基百科。维基百科由吉米·威

　　⊖　谷歌基于 DistBelief 研发的第二代人工智能学习系统。——译者注

尔士和拉里·桑格于 2001 年推出，它是一种通用的在线百科全书，以 300 种语言提供数百万篇文章，每天供近 10 亿个用户查阅。

对维基百科的管理类似于开源项目的管理，有具体的组织、清晰的角色和责任及问责机制。维基百科成了世界上被使用最频繁的百科全书，它一直在避免出现误差和偏见。这一系统最大的优点是，如果你认为某个条目不正确，随时可以对其进行修改，并且你的修改编辑过程是公开、透明的。

许多研究已经证实了这一方法的有效性。例如，我们哈佛大学的同事谢恩·格林斯坦、朱峰和顾恩研究了维基百科上数千篇关于政治敏感话题的文章，发现其政治倾向性也在变化。研究表明，随着多人对文章的不断修改，偏见会被弱化。研究人员甚至发现，当编辑们处理社群的反馈信息时，他们的偏见也会逐渐减少。[4] 作为这项工作的补充，我们在哈佛大学创新科学实验室的同事米沙·捷普利茨基与他人的合作研究表明，维基百科文章里政治观点的多样性产生了更高质量的内容。[5] 两极化和多样性的结合，还有任何人都可以参与的分布式过程，使维基百科能够产出更高质量的内容。

社群在解决新问题方面具有巨大的潜力。社群可谓一类庞大的资产，可以应对数智化运营模式所带来的挑战。回顾 Linux 的发展过程，我们发现它对外部操纵和网络攻击具有一定的抗压性。TensorFlow 可以为数百个国家的机器学习提供动力。维基百科内容中的偏见可以在几天内得到纠正（如果几小时不行的话）。充满活力、全球触角、透明公开和响应能力对一个组织而言至关重要，但是传统官僚组织的监管者要使组织做到这一点相当困难。模仿开源社群的新型组织模式（或许还有更广泛、更强大的授权）可以解决数字经济和数字社会所面临的诸多问题，从算法偏差到假新闻。正如开源运动领袖埃里克·雷蒙德所写的那样，"足够多的眼睛就可以让所有问题浮现"。

社群精神不限于活跃的个人。Apache、Linux 和 Mozilla 基金会的共同努力表明，各种规模的公司，无论在哪个行业，都可以与其他公司、非营利组织及个人开展合作，共同创建、维护、扩展和保存各种重要的软件产品与技术。这种模式已经在许多场景中被模仿，包括内容和人工智能研究。社群智慧是我们不应忽略的财富。

我们认为，应该维护和改善社群所起到的关键性领导作用，这对经济的健康和活力至关重要。社群会影响未来对核心公司的监管制衡，并且还会影响新的政策和监管措施。因此，应该增加投资来塑造大众，进行社群创新，并且利用开源项目所促成的那种公平、动态的治理体系来实施监管、快速响应及推动长期改善。这些做法的重要性已经被以往的发展所证明。最终，大众和社群可以使监管和决策机构的影响力得到巨大的提升与扩展，同时推动执行和响应系统达到新的水平。

集体智慧的领导

了解数智化转型的影响至关重要，这不仅是为了维持公司业绩，也是为了保护机构本身。新型运营模式具有人工智能时代的公司特征，正在将我们密切相连，这种联系可以跨越行业、国家、市场和政治派别。由此而产生的种种相互依存关系的重要性不容忽视，它们呼唤一种新型的集体智慧。

随着数智公司减少人员摩擦、消除传统的内部瓶颈，社群和组织之间的复杂关系变得至关重要。更多的时候，限制的解除似乎又成为一种新的、突然的集体失败。Facebook 和 Twitter 的虚假新闻与隐私危机，以及 Equifax 和雅虎的大规模数据泄露，使我们看到价值被突然摧毁，受到侵害的消费者即使达不到几十亿人，也足有几百万人。

人工智能社会和经济网络的集体特性改变了人们对管理和领导方式的理解。随着集体效应变得越来越重要，数智公司的业绩更多地取决于管理模式的周边辐射效果，而不仅仅是那些传统因素。我们需要重新审视传统的管理理念及其效果，我们的关注范围不应该只局限于公司内部，而要着眼于整个社会经济和网络。公司管理模式所产生的更广泛的社会影响常常被视为一种二阶效应，即事发之后的讨论。

随着数智公司日益塑造着我们的全球经济，其管理方式也要遵从不同的标准。尽管公司都是作为个体参与竞争的，但是数智公司整体的表现对各个公司都会产生影响，诸如加强隐私保护、消除新闻偏见和操纵，甚至创建有效的制度鼓励和重新培训失业人员。

管理者在面对关键的业务决策时，经常会放弃共同视角。即使高管们表面上也承认经济受人工智能驱动，并且借助数字技术实现了经济网络的连接，但他们做决策时却又只着眼于提高自己公司的绩效，难以顾及其他。他们经常固执地认为"他们的"系统要比竞争对手的更好，忽视了这两个系统的连接性，其实它们是可以共同提升的。例如，在解决如何确保真实性、消除偏见这一问题时，Facebook、谷歌和 Twitter（还有其他一些公司）的领导者如果能够采用一致的方式应对，效果会更好。社群和监管机构也能有所作为，可以确立共同的原则，还可以开发开放的数字技术平台。合作性组织——例如人工智能合作组织，一个对人工智能进行共同开发的联合体，为今后的研究和协同发展提供了有益的模式。[6]

如果我们认真分析经济网络这个概念，这种把经济体系比作网络的观点能使我们超越传统的竞争概念，以新的视角理解公司间的动态关系。对此，我们已经概述了单个组织应该如何更好地利用和塑造其网络竞争环境，我们还讨论了关键资产和能力，并且描述了如何利用运营模式对它们进行部署。

但为了充分发掘这些观点的内涵，我们认为还需要对其进行更深层次的哲学分析。个体公司的生存和灭亡将取决于其生态系统的集体健康状况，因此它们在做出商业决策时应该就一些基本问题达成共识。正如 Facebook 的首席执行官马克·扎克伯格所理解的那样，如果 Facebook 所依赖的网络伙伴越来越不景气，Facebook 也无法维持其成功的市场地位。公司健康网络的理念及其所承载的责任有效地定义了竞争中的新型领导智慧。

这种责任的大部分将由少数核心公司承担。Alphabet、微软、Facebook、阿里巴巴、亚马逊和腾讯这些拥有巨大影响力的公司正在我们的社会中扮演着重要的角色,对我们的经济和社会产生巨大的影响。通过亚马逊和阿里巴巴购物,通过支付宝和 PayPal 付款,在微信和 Facebook 上交流的数十亿人受到这些公司几千名员工的影响,想想就觉得不可思议。尽管曾经遭遇挫折,但这些组织还是成功地将其网络发展成强大的生态系统,具有一定的抗压能力。但需要牢记,这些新的变化一开始是机遇,随后促使形成智慧、有效的战略,而现在则演变为一项基本的领导责任。

我们生活在经济和社会发展历程中的一个重要阶段。随着数字网络和人工智能日益主导世界,我们目睹了公司性质的根本改变。这些改变解除了公司在规模、范围和学习方面一直遭遇的困扰,并且带来了巨大的机遇和非凡的挑战(动荡)。但是,尽管有数智自动化新技术的助力,但公司似乎还不能实现自动运转。当前公司的管理工作面临巨大的挑战,情况复杂、形态模糊,仅在技术层面(或靠技术人员)无法应对。要想安然度过这个多变的时代,就需要一种新型管理智慧,这种智慧可以把传统公司转型为新型公司,把机构监管转向共同治理。

我们希望本书在呈现不同的理论争鸣时能够激发人们新的思考。它们对于许多领域的从业者来说都具有一定的启发意义,最重要的是有助于塑造新一代领导者的思维方式。未来可期。

注 释

前言

1. Moderna, "Moderna's Work on a COVID-19 Vaccine Candidate," 2020, https://www.modernatx.com/modernas-work-potential-vaccine-against-covid-19.

2. Moderna 公司高管的所有发言内容均来自 2020 年 5 月、6 月与本书作者的谈话。

3. Moderna 公司高管的所有发言内容均来自 2020 年 5 月、6 月与本书作者的谈话。

第 1 章

1. 更多视频请访问 https://nextrembrandt.com/。

2. Blaise Agueray Arcas, "What Is AMI?" Medium, February 23, 2016, https://medium.com/artists-and-machine-intelligence/what-is-ami-96cd9ff49dde.

3. Jennifer Sukis, "The Relationship Between Art and AI," Medium, May 15, 2018, https://medium.com/design-ibm/the-role-of-art-in-ai-31033ad7c54e.

4. Clayton M. Christensen, *The Innovator's Dilemma: When New Technologies Cause Great Firms to Fail* (Boston: Harvard Business Review Press, 1997; 2013).

5. Bret Kinsella, "Amazon Alexa Now Has 50,000 Skills Worldwide, Works with 20,000 Devices, Used by 3,500 Brands," Voicebot.ai, September 2, 2018, https://voicebot.ai/2018/09/02/amazon-alexa-now-has-50000-skills-worldwide-is-on-20000-devices-used-by-3500-brands/.

6. 本部分的标题受到沃尔玛总裁兼首席执行官 Doug McMillon 一句话的启发："我们正在成为一家更加数智化的公司。"

7. Lauren Thomas, "Sears, Mattress Firm and More: Here Are the Retailers That Went Bankrupt in 2018," CNBC, December 31, 2018, https://www.cnbc.com/2018/12/31/here-are-the-retailers-including-sears-that-went-bankrupt-in-2018.html.

8. EDI 即 "电子数据交换"，是供应链管理中使用的标准通信协议。RFID 即 "射频识别"，用于跟踪通常在供应链中使用的对象。

9. "JD.com to Launch 1,000 Stores per Day," *Retail Detail*, April 17, 2018, https://www.retaildetail.eu/en/news/g%C3%A9n%C3%A9ral/jdcom-launch-1000-stores-day.

10. Jonathan Jones, "The Digital Rembrandt: A New Way to Mock Art, Made by Fools," *Guardian*, April 6, 2016, https://www.theguardian.com/artanddesign/jonathanjonesblog/2016/apr/06/digital-rembrandt-mock-art-fools.

11. Vipin Mayar, 与本书作者的谈话, 2019 年 1 月。

12. Keystone Strategy 是一家技术和咨询公司, 致力于数智化转型战略和相关经济学。

13. Carliss Y. Baldwin and Kim B. Clark, *Design Rules, Vol. 1: The Power of Modularity* (Cambridge, MA: MIT Press, 2000).

14. Carl Shapiro and Hal R. Varian, *Information Rules: A Strategic Guide to the Network Economy* (Boston: Harvard Business School Press, 1998).

15. 参看 Jean-Charles Rochet and Jean Tirole, "Platform Competition in Two-Sided Markets," *Journal of the European Economic Association* 1, no. 4 (2003): 990–1029; Annabelle Gawer and Michael A. Cusumano, *Platform Leadership: How Intel, Microsoft, and Cisco Drive Industry Innovation* (Boston: Harvard Business School Press, 2001); Geoffrey G. Parker, Marshall W. Van Alstyne, and Sangeet Paul Chaudhuri, *Platform Revolution: How Networked Markets Are Transforming the Economy—and How to Make Them Work for You* (New York: W. W. Norton and Co., 2016); Michael A. Cusumano, Annabelle Gawer, and David B. Yoffie, *The Business of Platforms: Strategy in the Age of Digital Competition, Innovation, and Power* (New York: Harper Business, 2019); F. Zhu and M. Iansiti, "Entry into Platform-Based Markets," *Strategic Management Journal* 33, no. 1 (2012); M. Rysman, "Competition between Networks: A Study of the Market for Yellow Pages," *Review of Economic Studies* 71 (2004); A. Hagiu, "Pricing and Commitment by Two-Sided Platforms," *RAND Journal of Economics* 37, no. 3 (2006); K. Boudreau and A. Hagiu, "Platform Rules: Multi-sided Platforms as Regulators" in A. Gawer, ed., *Platforms, Markets, and Innovation* (London: Edward Elgar, 2009); Eric von Hippel, *Democratizing Innovation* (Cambridge, MA: MIT Press, 2005); Shane Greenstein, *How the Internet Became Commercial: Innovation, Privatization, and the Birth of a New Network* (Princeton, NJ: Princeton University Press, 2015)。

16. Erik Brynjolfsson and Andrew McAfee, *The Second Machine Age: Work, Progress, and Prosperity in a Time of Brilliant Technologies* (New York: W. W. Norton and Co., 2016); Kai-Fu Lee, *AI Superpowers: China, Silicon Valley, and the New World Order* (New York: Houghton Mifflin, 2018); Ming Zeng, *Smart Business: What Alibaba's Success Reveals about the Future of Strategy* (Boston: Harvard Business Review Press, 2018); Ajay Agrawal, Joshua Gans, and Avi Goldfarb, *Prediction Machines: The Simple Economics of Artificial Intelligence* (Boston: Harvard Business Review Press, 2018).

第 2 章

1. Alfred D. Chandler, *Scale and Scope: The Dynamics of Industrial Capitalism* (Cambridge, MA: Belknap Press, 1990).

2. 参看 David J. Teece, Gary Pisano, and Amy Shuen, "Dynamic Capabilities and Strategic Management," *Strategic Management Journal* 18, no. 7 (1997): 509–533。

3. Robert H. Hayes, Steven C. Wheelwright, and Kim B. Clark, *Dynamic Manufacturing: Creating the Learning Organization* (New York: Free Press, 1998).

4. Zhu et al., "Ant Financial."

5. Alexander Eule, "Wearable Technology with Pedals and Wheels," *Barron's*, December 13, 2014, https://www.barrons.com/articles/wearable-technology-with-pedals-and-wheels-1418445513.

6. Zoe Wood, "Ocado Defies the Critics and Aims to Deliver a £1bn Flotation," *Guardian*, February 21, 2010, https://www.theguardian.com/business/2010/feb/21/ocado-flotation.

7. Anne Marie Neatham, speech and Q&A with authors, January 2019.

8. James Vincent, "Welcome to the Automated Warehouse of the Future," *The Verge*, May 8, 2018, https://www.theverge.com/2018/5/8/17331250/automated-warehouses-jobs-ocado-andover-amazon.

9. Stephanie Condon, "Google I/O: From 'AI First' to AI Working for Everyone," ZDNet.com, May 7, 2019, https://www.zdnet.com/article/google-io-from-ai-first-to-ai-working-for-everyone/.

第 3 章

1. 我们真诚地感谢 Vladimir Jacimovic，他激励我们研究许多这样的观点，并且提供了宝贵的帮助和建议。

2. "CineMatch: The Netflix Algorithm," *Lee's World of Algorithms* (blog), May 29, 2016, https://leesworldofalgorithms.wordpress.com/2016/03/29/cinematch-the-netflix-algorithm/.

3. "Netflix, Inc. History," Funding Universe, accessed June 6, 2019, http://www.fundinguniverse.com/company-histories/netflix-inc-history/.

4. David Carr, "Giving Viewers What They Want," *New York Times*, February 24, 2013, https://www.nytimes.com/2013/02/25/business/media/for-house-of-cards-using-big-data-to-guarantee-its-popularity.html.

5. Todd Spangler, "Netflix Eyeing Total of About 700 Original Series in 2018," *Variety*, February 27, 2018, https://variety.com/2018/digital/news/netflix-700-original-series-2018-1202711940/.

6. Nirmal Govind, "Optimizing the Netflix Streaming Experience with Data Science," Medium, June 11, 2014, https://medium.com/netflix-techblog/optimizing-the-netflix-streaming-experience-with-data-science-725f04c3e834.

7. Xavier Amatriain and Justin Basilico, "Netflix Recommendations: Beyond the 5 Stars (Part 2)," Medium, July 20, 2012, https://medium.com/netflix-techblog/netflix-recommendations-beyond-the-5-stars-part-2-d9b96aa399f5. 有关这一话题更多的内容请参看 Josef Adalian, "Inside the Binge Factory," *Vulture*, https://www.vulture.com/2018/06/how-netflix-swallowed-tv-industry.html。

8. Ming Zeng, *Smart Business: What Alibaba's Success Reveals about the Future of Strategy* (Boston: Harvard Business Review Press, 2018).

9. 对我们而言，最令人惊讶的数据配置示例之一是基于 AI 的系统，该系统通过教室中的脸部识别摄像头跟踪学生的注意力和学习成果，这是由中国的 Face++ 率先开发的。参与者完全参与了课堂过程。

10. Ajay Agrawal, Joshua Gans, and Avi Goldfarb, *Prediction Machines:*

The Simple Economics of Artificial Intelligence (Boston: Harvard Business Review Press, 2018).

11. 要想很好地处理算法设计的六种主要类型，参看 Pedro Domingos, *The Master Algorithm: How the Quest for the Ultimate Learning Machine Will Remake Our World* (New York: Basic Books, 2018)。

12. 结果可以是类别（狗或猫），在这种情况下，将使用逻辑回归。或者结果可以是数值（英语能力的得分），在这种情况下，将使用线性回归。其他更高级的方法——取决于你拥有的数据的深度和广度以及你要解决的问题的类型，包括支持向量机、K近邻、随机森林和神经网络。

13. Ashok Chandrashekar, Fernando Amat, Justin Basilico, and Tony Jebara, "Artwork Personalization at Netflix," Medium, December 7, 2017, https://medium.com/netflix-techblog/artwork-personalization-c589f074ad76.

14. 同上。

15. "It's All A/Bout Testing: The Netflix Experimentation Platform," Medium, April 29, 2016, https://medium.com/netflix-techblog/its-all-a-bout-testing-the-netflix-experimentation-platform-4e1ca458c15.

16. Zeng, *Smart Business*. See chapter 3 for more details on how Alibaba has implemented APIs and a data infrastructure.

17. R. H. Mak et al., "Use of Crowd Innovation to Develop an Artificial Intelligence–Based Solution for Radiation Therapy Targeting," *JAMA Oncol*, published online April 18, 2019, doi:10.1001/jamaoncol.2019.0159.

第 4 章

1. API Evangelist, "The Secret to Amazon's Success—Internal APIs," January 12, 2012, https://apievangelist.com/2012/01/12/the-secret-to-amazons-success-internal-apis/.

2. Melvin E. Conway, "How Do Committees Invent?" *Datamation* 14, no. 5 (1968): 28–31.

3. 本书的一位作者（Marco）之前对于这个问题做了几十年的研究，能够证明这是正确的。Marco Iansiti, "From Technological Potential to Product Performance: An Empirical Analysis," *Research Policy* 26, no. 3 (1997).

4. Lyra Colfer and Carliss Y. Baldwin, "The Mirroring Hypothesis: Theory, Evidence, and Exceptions," HBS working paper no. 10-058, January 2010.

5. Rebecca M. Henderson and Kim B. Clark, "Architectural Innovation: The Reconfiguration of Existing Product Technologies and the Failure of Established Firms," *Administrative Science Quarterly* 35, no 1 (1990): 9–30.

6. 考虑到 Rebecca Henderson 和 Kim Clark 都是哈佛商学院克里斯坦森论文委员会的成员，这并不奇怪。

7. Clayton M. Christensen and R. S. Rosenbloom, "Explaining the Attacker's Advantage: Technological Paradigms, Organizational Dynamics, and the Value Network," *Research Policy* 24, no. 2 (1995): 233–257.

8. 如果包括军队和政府在内，我们可以找到有数千年历史的组件化组织的例子。古代罗马军事组织只是一个例子。

9. 参看 Marco Iansiti and Roy Levien, *Keystone Advantage: What the*

New Dynamics of Business Ecosystems Mean for Strategy, Innovation, and Sustainability (Boston: Harvard Business School Press, 2004), chapter 7。

10. 尽管拥有良好的运营架构，该公司还是从事了许多令人不安的活动，从奴隶贩卖到鸦片贸易，对此我们坚决不赞成。

11. R. P. Wibbelink and M. S. H. Heng, "Evolution of Organizational Structure and Strategy of the Automobile Industry," working paper, April 2000, https://pdfs.semanticscholar.org/7f66/b5fa07e55bd57b881c6732d285347c141370.pdf.

12. Robert E. Cole, "What Really Happened to Toyota?" *MIT Sloan Management Review*, June 22, 2011, https://sloanreview.mit.edu/article/what-really-happened-to-toyota/.

13. Amazon Inc. v. Commissioner of Internal Revenue, docket no. 31197-12, filed March 23, 2017, p. 38 (148 T.C. no. 8).

第 5 章

1. Richards 是 Keystone 战略咨询公司的首席执行官兼联合创始人。

2. Microsoft, "Satya Nadella Email to Employees: Embracing Our Future: Intelligent Cloud and Intelligent Edge," March 29, 2018, https://news.microsoft.com/2018/03/29/satya-nadella-email-to-employees-embracing-our-future-intelligent-cloud-and-intelligent-edge/.

3. Satya Nadella 与本书作者的谈话。

4. 这对我们具有讽刺意味（但令人兴奋），反映了微软的深刻变革，它已成为开源软件的主要贡献者。本书的一位作者（Karim）是研究开源代码现象的学者。微软曾经被视为开源代码社区的克星。该公司的高管在 20 世纪 90 年代和 21 世纪头 10 年称开源运动为"非美国的"，是知识产权的破坏者。这是相当大的转变！参看 Charles Cooper, "Dead and Buried: Microsoft's Holy War on Open-Source Software," CNET, June 1, 2014, https://www.cnet.com/news/dead-and-buried-microsofts-holy-war-on-open-source-software/。

5. 2019 年 1 月与本书作者的谈话。

6. Microsoft, "Microsoft AI Principles," https://www.microsoft.com/en-us/ai/our-approach-to-ai.

7. The benchmarking analysis was a collaboration with Keystone Strategy LLC, funded in part by Microsoft Corporation, and focused on the impact of data and analytics on a company's business and operating models. See Robert Bock, Marco Iansiti, and Karim R. Lakhani, "What the Companies on the Right Side of the Digital Business Divide Have in Common," HBR.org, January 31, 2017, https://hbr.org/2017/01/what-the-companies-on-the-right-side-of-the-digital-business-divide-have-in-common.

8. 2019 年 1 月与本书作者的谈话。

第 6 章

1. 参看 Albert-László Barabási, "Network Science: The Barabási-Albert Model," research paper, http://barabasi.com/f/622.pdf。

2. Marco Iansiti and Roy Levien, *The Keystone Advantage: What the New*

Dynamics of Business Ecosystems Mean for Strategy, Innovation, and Sustainability (Boston: Harvard Business School Press, 2004); David Autor et al., "The Fall of the Labor Share and the Rise of Superstar Firms," NBER working paper no. 23396, May 2017, https://www.nber.org/papers/w23396; Marco Iansiti and Karim R. Lakhani, "Managing Our Hub Economy," *Harvard Business Review*, October 2017, https://hbr.org/2017/09/managing-our-hub-economy.

3. Feng Zhu and Marco Iansiti, "Entry into Platform Based Markets," *Strategic Management Journal* 33, no. 1 (2012); Feng Zhu and Marco Iansiti, "Why Some Platforms Thrive and Others Don't," *Harvard Business Review*, January–February 2019, https://hbr.org/2019/01/why-some-platforms-thrive-and-others-dont.

4. 注意，网络分析是一个通用术语，也适用于人员（社交）、计算机、电网、软件模块、蛋白质等的分析。基本组件是网络中的节点以及它们之间的连接（边缘）。

5. Hal R. Varian, "Use and Abuse of Network Effects," SSRN paper, September 17, 2017, https://papers.ssrn.com/sol3/papers.cfm?abstract_id=3215488.

6. Harold DeMonaco et al., "When Patients Become Innovators," *MIT Sloan Management Review*, Spring 2019, https://sloanreview.mit.edu/article/when-patients-become-innovators/.

7. 本节较多引用了朱峰和 Iansiti 的文章《为什么某些平台能够蓬勃发展》。

8. 可悲的是，美国医疗保健系统的大部分办公室间和组织间通信仍然严重依赖传真机。

9. 本节仍较多引用了朱峰和 Iansiti 的文章《为什么某些平台能够蓬勃发展》。

10. 同上。

第 7 章

1. 正如我们在第 8 章中详细讨论的那样，这些学习分析几乎不可避免地会引入某种偏见。算法越是定制内容来鼓励用户参与，其遭遇偏见的可能性就越大。用户将不可避免地更多点击、参与并观看他们感兴趣的内容。

2. 我们感谢我们哈佛的同事 Tarun Khanna、Juan Al cacer 和 Christine Snively 对诺基亚的出色案例研究（Juan Alcacer, Tarun Khanna, and Christine Snively, " The Rise and Fall of Nokia," Case 714-428 [Harvard Business School, 2014, rev.2017]）。

3. 曾鸣关于阿里巴巴发展过程一书《智能战略：阿里巴巴的成功与战略新蓝图》（哈佛商业评论出版社，2018 年）提供了使用手册，介绍了竞争对手如何使用数智化运营方式拆解传统的零售商业模式。

4. RealNetworks 的起源可追溯到由 Rob Glaser 于 1994 年创立的 Progressive Networks。

第 8 章

1. 美国疾病预防与控制中心 , https://www.cdc.gov/measles/cases-outbreaks.html。

2. A. L. Schmidt et al., "Polarization of the Vaccination Debate on Facebook," *Vaccine* 36, no. 25 (2018): 3606–3612; *Infectious Disease Advisor*, "Social

Medicine: The Effect of Social Media on the Anti-Vaccine Movement," October 31, 2018, https://www.infectiousdiseaseadvisor.com/home/topics/prevention/social-medicine-the-effect-of-social-media-on-the-anti-vaccine-movement/.

3. Peter Hotez, "Anti-Vaccine Movement Thrives in Parts of the United States," *Spectrum*, November 19, 2018, https://www.spectrumnews.org/news/anti-vaccine-movement-thrives-parts-united-states/.

4. Lena Sun, "Anti-Vaxxers Face Backlash as Measles Cases Surge," *Washington Post*, February 25, 2019, https://www.washingtonpost.com/national/health-science/anti-vaxxers-face-backlash-as-measles-cases-surge/2019/02/25/e2e986c6-391c-11e9-a06c-3ec8ed509d15_story.html?utm_term=.e8a7bf2286c7; A. Hussain, S. Ali, and S. Hussain, "The Anti-Vaccination Movement: A Regression in Modern Medicine," *Cureus* 10, no. 7 (2018).

5. Vyacheslav Polonski, "The Biggest Threat to Democracy? Your Social Media Feed," World Economic Forum, August 4, 2016, https://www.weforum.org/agenda/2016/08/the-biggest-threat-to-democracy-your-social-media-feed/.

6. B. Edelman, M. Luca, and D. Svirsky, "Racial Discrimination in the Sharing Economy: Evidence from a Field Experiment," *American Economic Journal: Applied Economics* 9, no. 2 (2017): 1–22.

7. 参看 Robert Bartlett, Adair Morse, Richard Stanton, and Nancy Wallace, "Consumer-Lending Discrimination in the Era of FinTech," Berkeley research paper, October 2018, http://faculty.haas.berkeley.edu/morse/research/papers/discrim.pdf.。

8. Jeffrey Dastin, "Amazon Scraps Secret AI Recruiting Tool That Showed Bias Against Women," Reuters, October 9, 2018, https://www.reuters.com/article/us-amazon-com-jobs-automation-insight/amazon-scraps-secret-ai-recruiting-tool-that-showed-bias-against-women-idUSKCN1MK08G.

9. Joy Buolamwini and Timnit Gebru, "Gender Shades: Intersectional Accuracy Disparities in Commercial Gender Classification," *Proceedings of Machine Learning Research* 81, no. 1 (2018): 1–15.

10. Joy Buolamwini, "How I'm Fighting Bias in Algorithms," TED, https://www.ted.com/talks/joy_buolamwini_how_i_m_fighting_bias_in_algorithms?language=en.

11. Sam Levin, "A Beauty Contest Was Judged by AI and the Robots Didn't Like Dark Skin," *Guardian*, September 8, 2016, https://www.theguardian.com/technology/2016/sep/08/artificial-intelligence-beauty-contest-doesnt-like-black-people; see also Jordan Pearson, "Why an AI-Judged Beauty Contest Picked Nearly All White Winners," Motherboard, *Vice*, September 5, 2016, https://motherboard.vice.com/en_us/article/78k7de/why-an-ai-judged-beauty-contest-picked-nearly-all-white-winners.

12. Emiel van Miltenburg, "Stereotyping and Bias in the Flickr30K Dataset," *Proceedings of the Workshop on Multimodal Corpora*, May 24, 2016, https://arxiv.org/pdf/1605.06083.pdf.

13. Adam Hadhazy, "Biased Bots: Artificial-Intelligence Systems Echo Human Prejudices," Princeton University, April 18, 2017, https://www.princeton.edu/news/2017/04/18/biased-bots-artificial-intelligence-systems-echo-human-prejudices.

14. See Aylin Caliskan, Joanna J. Bryson, and Arvind Narayanan, "Semantics Derived Automatically from Language Corpora Contain Human-Like Biases," *Science* 356, no. 6334 (2017): 183–186.

15. Tom Simonite, "Machines Taught by Photos Learn a Sexist View of Women," *Wired*, August 21, 2017, https://www.wired.com/story/machines-taught-by-photos-learn-a-sexist-view-of-women/.

16. Tristan Greene, "Human Bias Is a Huge Problem for AI. Here's How We're Going to Fix It," *TNW*, April 10, 2018, https://thenextweb.com/artificial-intelligence/2018/04/10/human-bias-huge-problem-ai-heres-going-fix/.

17. 野蛮攻击是一种反复试验的方法，用于发现用户密码或个人识别码；网络黑客攻击旨在窃取信用卡详细信息等数据资产；分布式拒绝服务（DDoS）攻击经过精心策划，通过利用大量虚假流量来使应用程序瘫痪。Rosa Wang, "How China Is Different, Part 3—Security and Compliance," Medium, March 13, 2019, https://medium.com/@Alibaba_Cloud/how-china-is-different-part-3-security-and-compliance-3b996eef124b; "Safeguarding the Double 11 Shopping Festival with Powerful Security Technologies," Alibaba Cloud, November 9, 2018, https://www.alibabacloud.com/blog/safeguarding-the-double-11-shopping-festival-with-powerful-security-technologies_594163.

18. Brian Fung, "Equifax's Massive 2017 Data Breach Keeps Getting Worse," *Washington Post*, March 1, 2018, https://www.washingtonpost.com/news/the-switch/wp/2018/03/01/equifax-keeps-finding-millions-more-people-who-were-affected-by-its-massive-data-breach/?noredirect=on.

19. AnnaMaria Andriotis and Emily Glazer, "Equifax CEO Richard Smith to Exit Following Massive Data Breach," *Wall Street Journal*, September 26, 2017, https://www.wsj.com/articles/equifax-ceo-richard-smith-to-retire-following-massive-data-breach-1506431571.

20. Tara Siegel Bernard and Stacy Cowley, "Equifax Breach Caused by Lone Employee's Error, Former C.E.O. Says," *New York Times*, October 3, 2017, https://www.nytimes.com/2017/10/03/business/equifax-congress-data-breach.html; United States Accountability Office, "Data Protection: Actions Taken by Equifax and Federal Agencies in Response to the 2017 Breach," https://www.warren.senate.gov/imo/media/doc/2018.09.06%20GAO%20Equifax%20report.pdf.

21. Bernard and Cowley, "Equifax Breach Cause by Lone Employee's Error."

22. US Accountability Office, "Data Protection."

23. Chris Isidore, "Equifax's Delayed Hack Disclosure: Did It Break the Law?" CNN, September 8, 2017, https://perma.cc/WB44-7AMS.

24. Tao Security, "The Origin of the Quote 'There Are Two Types of Companies,'" December 18, 2018, https://taosecurity.blogspot.com/2018/12/the-origin-of-quote-there-are-two-types.html.

25. Jen Wieczner, "Equifax CEO Richard Smith Who Oversaw Breach to Collect $90 Million," *Fortune*, September 26, 2017, http://fortune.com/2017/09/26/equifax-ceo-richard-smith-net-worth/; Ben Lane, "Equifax Expecting Punishment from CFPB and FTC over Massive Data Breach," Housingwire, February 25, 2019, https://www.housingwire.com/articles/48267-equifax-expecting-punishment-from-cfpb-and-ftc-over-massive-data-breach.

26. Suraj Srinivasan, Quinn Pitcher, and Jonah S. Goldberg, "Data Breach at Equifax," case 9-118-031 (Boston: Harvard Business School, October 2017, rev. April 2019).

27. Elizabeth Dwoskin and Craig Timberg, "Inside YouTube's Struggles to Shut Down Video of the New Zealand Shooting—and the Humans Who Outsmarted Its Systems," *Washington Post*, March 18, 2019, https://www.washingtonpost.com/technology/2019/03/18/inside-youtubes-struggles-shut-down-video-new-zealand-shooting-humans-who-outsmarted-its-systems/?utm_term=.b50132329b05.

28. Harry Davies, "Ted Cruz Using Firm That Harvested Data on Millions of Unwitting Facebook Users," *Guardian*, December 11, 2015, https://www.theguardian.com/us-news/2015/dec/11/senator-ted-cruz-president-campaign-facebook-user-data.

29. Julia Carrie Wong, Paul Lewis, and Harry Davies, "How Academic at Centre of Facebook Scandal Tried—and Failed—to Spin Personal Data into Gold," *Guardian*, April 24, 2018, https://www.theguardian.com/news/2018/apr/24/aleksandr-kogan-cambridge-analytica-facebook-data-business-ventures.

30. Nicholas Confessore and David Gelles, "Facebook Fallout Deals Blow to Mercers' Political Clout," *New York Times*, April 10, 2018, https://www.nytimes.com/2018/04/10/us/politics/mercer-family-cambridge-analytica.html; Davies, "Ted Cruz Using Firm That Harvested Data."

31. Robert Hutton and Svenja O'Donnell, "'Brexit' Campaigners Put Their Faith in U.S. Data Wranglers," *Bloomberg*, November 18, 2015, https://www.bloomberg.com/news/articles/2015-11-19/brexit-campaigners-put-their-faith-in-u-s-data-wranglers.

32. Mathias Schwartz, "Facebook Failed to Protect 30 Million Users from Having Their Data Harvested by Trump Campaign Affiliate," *Intercept*, March 30, 2017, https://theintercept.com/2017/03/30/facebook-failed-to-protect-30-million-users-from-having-their-data-harvested-by-trump-campaign-affiliate/.

33. Donie O'Sullivan, "Scientist at Center of Data Controversy Says Facebook is Making Him a Scapegoat," CNN, March 20, 2018, https://money.cnn.com/2018/03/20/technology/aleksandr-kogan-interview/index.html.

34. Jane Mayer, "New Evidence Emerges of Steve Bannon and Cambridge Analytica's Role in Brexit," *New Yorker*, November 17, 2018, https://www.newyorker.com/news/news-desk/new-evidence-emerges-of-steve-bannon-and-cambridge-analyticas-role-in-brexit.

35. Kevin Granville, "Facebook and Cambridge Analytica: What You Need to Know as Fallout Widens," *New York Times*, March 19, 2018, https://www.nytimes.com/2018/03/19/technology/facebook-cambridge-analytica-explained.html.

36. Nicholas Thompson and Fred Vogelstein, "A Hurricane Flattens Facebook," *Wired*, March 20, 2018, https://www.wired.com/story/facebook-cambridge-analytica-response/.

37. Robert Hackett, "Massive Android Malware Outbreak Invades Google Play Store," *Fortune*, September 14, 2017, http://fortune.com/2017/09/14/google-play-android-malware/.

38. Feng Zhu and Qihong Liu, "Competing with Complementors: An Empir-

ical Look at Amazon.com," Harvard Business School Technology & Operations Mgt. Working Paper No. 15-044, *Strategic Management Journal*, forthcoming.

39. Marco Iansiti and Roy Levien, *The Keystone Advantage: What the New Dynamics of Business Ecosystems Mean for Strategy, Innovation, and Sustainability* (Boston: Harvard Business School Press, 2004).

40. Matthew Martin, Dinesh Nair, and Nour Al Ali, "Uber to Seal $3.1 Billion Deal to Buy Careem This Week," *Bloomburg*, March 24, 2019, https://www.bloomberg.com/news/articles/2019-03-24/uber-is-said-to-seal-3-1-billion-deal-to-buy-careem-this-week.

41. Jackie Wattles and Donie O'Sullivan, "Facebook's Mark Zuckerberg Calls for More Regulation of the Internet," CNN, March 30, 2019, https://www.cnn.com/2019/03/30/tech/facebook-mark-zuckerberg-regulation/index.html.

42. Cade Metz and Mike Isaac, "Facebook's A.I. Whiz Now Faces the Task of Cleaning It Up. Sometimes That Brings Him to Tears," *New York Times*, May 17, 2019, https://www.nytimes.com/2019/05/17/technology/facebook-ai-schroepfer.html?action=click&module=Well&pgtype=Homepage&section=Technology.

43. Tim Starks, "How the DNC Has Overhauled Its Digital Defenses," *Politico*, October 17, 2018, https://www.politico.com/newsletters/morning-cybersecurity/2018/10/17/how-the-dnc-has-overhauled-its-digital-defenses-377117.

44. Iansiti and Levien, *The Keystone Advantage.*

45. 参看 *UC Davis Law Review*, "Information Fiduciaries and the First Amendment," https://lawreview.law.ucdavis.edu/issues/49/4/Lecture/49-4_Balkin.pdf; "Jonathan Zittrain and Jack Balkin Propose *Information Fiduciaries* to Protect Individual Rights," *Technology Academics Policy*, September 28, 2018, http://www.techpolicy.com/Blog/September-2018/Jonathan-Zittrain-and-Jack-Balkin-Propose-Informat.aspx; and Jonathan Zittrain, "How to Exercise the Power You Didn't Ask For," HBR.org, September 19, 2018, https://hbr.org/2018/09/how-to-exercise-the-power-you-didnt-ask-for。

46. "Zittrain and Balkin Propose *Information Fiduciaries.*"

47. Jack M. Balkin and Jonathan Zittrain, "A Grand Bargain to Make Tech Companies Trustworthy," *Atlantic*, October 3, 2016, https://www.theatlantic.com/technology/archive/2016/10/information-fiduciary/502346/.

48. 同上。

49. Katie Collins, "Facebook Promises to Back US Privacy Regulation," *CNet*, October 24, 2018, https://www.cnet.com/news/facebook-promises-to-back-us-privacy-regulation/.

第 9 章

1. Clive Thompson, "When Robots Take All of Our Jobs, Remember the Luddites," *Smithsonian Magazine*, January 2017, https://www.smithsonianmag.com/innovation/when-robots-take-jobs-remember-luddites-180961423/.

2. Daron Acemoglu and Pascual Restrepo, "Robots and Jobs: Evidence

from US Labor Markets," NBER working paper no. 23285, March 2017, https://
www.nber.org/papers/w23285; McKinsey, "A Future That Works: Automation,
Employment, and Productivity," January 2017, https://www.mckinsey.com/~/
media/mckinsey/featured%20insights/Digital%20Disruption/Harnessing%20
automation%20for%20a%20future%20that%20works/MGI-A-future-that-
works-Executive-summary.ashx.

3. Erik Brynjolfsson, Tom Mitchell, and Daniel Rock, "What Can Ma-
chines Learn and What Does It Mean for Occupations and the Economy," *AEA
Papers and Proceedings* 108 (2018): 43–47.

4. David Autor and Anna Salomons, "Is Automation Labor-Displacing?
Productivity Growth, Employment, and the Labor Share," Brookings Papers
on Economic Activities, March 2018, https://www.brookings.edu/wp-content/
uploads/2018/03/1_autorsalomons.pdf.

5. 在许多情况下，从传真机到媒体平台，网络的价值均显示为 N^e 增长，其中
e> 1 或 $N \log N$。

6. The Luddites at 200, "Lord Byron's Speech," http://www.luddites200.org.
uk/LordByronspeech.html.

第 10 章

1. W. R. Kerr and E. Moloney, "Vodafone: Managing Advanced Technolo-
gies and Artificial Intelligence," case 9-318-109 (Boston: Harvard Business
School Publishing, February 2018), 1.

2. "自成立以来，我们遭受了重大损失，包括美国和其他主要市场。我们预计，
在可预见的将来，我们的运营费用将大幅增加，并且我们可能无法实现盈利。" 美
国证券交易委员会注册声明 "Uber Technologies Inc.," https://www. sec.gov/
Archives/edgar/data/1543151/000119312519103850/d647752ds1.htm, p. 12。

3. Marco Iansiti and Karim R. Lakhani, "The Truth about Blockchain,"
Harvard Business Review, January–February 2017, https://hbr.org/2017/01/the-
truth-about-blockchain.

4. Shane Greenstein, Yuan Gu, and Feng Zhu, "Ideological Segregation
among Online Collaborators: Evidence from Wikipedians," NBER working
paper no. 22744, October 2017 (rev. March 2017), https://www.nber.org/papers/
w22744.

5. Feng Shi, Misha Teplitskiy, Eamon Duede, and James A. Evans, "The
Wisdom of Polarized Crowds," *Nature Human Behaviour* 3 (2019): 329–336.

6. 参看 https://www.partnershiponai.org/。

致　谢

知道自己的无知是开悟的第一步。

——帕特里克·罗斯福斯，《智者之惧》

本书发轫于之前的一些争论。我们一直在讨论公司的生产能力对竞争力的影响，公司战略是否应该服从公司能力以及技术中断对公司运营部门的威胁。七年前，我们开始意识到这些辩论逐渐失去了意义，我们没有抓住问题的关键。问题是并不是单个公司倒闭或破产，而是所有公司都面临同样的挑战，包括旅游业和农业这些迥然不同的行业皆是如此。我们的经济发生了真正根本性的变革——公司的性质正在改变。"数智公司"诞生了，它们由数据、分析和人工智能驱动，利用数字网络逐步影响甚至决定我们的经济体系。这些公司以新的方式运营，消除了在100多年的发展过程中公司在规模、范围和学习方面难以突破的瓶颈。

首先要感谢许多导师和同事，在他们的帮助下我们逐步形成了对这一问题的深刻见解。我们对组织运营的理解受到威克·斯金纳、鲍勃·海耶斯、史蒂夫·惠尔赖特和肯特·鲍恩等伟大思想家的影响，他们的大部分理论都在努力论证公司经营能力的重要性。我们对现代经济的理解则受到卡丽斯·鲍德温和金·克拉克《设计规则》一书的启发。这本书首先明确了信息技术对经济的重组，把独立、单一的行业转变为由模块组成的集群网络。我们对创新、网络和社群的思考深受埃里克·冯·希佩尔的影响，他对我们进行指导并教我们如何洞悉技术"黑匣子"的实质。迈克·图什曼、琳达·希尔和齐达·尼利与我们分享了他们的深刻见解，以及有关数智化转型必然遇到的组织和文化挑战。我们的指导老师詹·科恩要求我们脚踏实地地工作，时刻准备迎接新挑战，同时他还提供了重要的见解。

我们还要特别感谢 Keystone Strategy 团队，该团队与我们开展合作研究，为许多组织、好几百个项目提供了意见和建议，同时还推动了多个行业"变革性的观念转变"。格雷格·理查兹的精辟观点源源不断，而杰夫·马洛维斯提出了许多深刻的意见和建议。罗斯·沙利文对我们进行指导并对许多项目提供了深思熟虑的观点和案例。也非常感谢罗希特·查特吉、丹·多纳霍和山姆·普莱斯对我们理解和运用素材方面提供的重要意见与反馈。还有汤姆·库德尔、肖恩·哈特曼、黛安·普雷斯科特（来自微软）、亨利·席尔瓦和赛拉·阿佐兹贡献了许多新颖的想法，让我们充分感受到他们巨大的能量和激情。我们也特别感谢杰克·卡德韦尔和杰西卡·所罗门提供的重要见解和案例，从网飞到沃尔玛。是 Keystone Strategy 团队促成了本书的出版。

哈佛商学院为我们的研究提供了宝贵的平台。尼汀·诺里亚院长对我们的工作一如既往地支持和鼓励，这对本书的完成至关重要。扬米·穆恩对我们思想的发展提供了非常大的帮助。哈佛商学院各位高级院长助理和研究主任帮助我们能够在此领域有更深入的发掘，他们是思科瑞康特·达塔尔、扬·里夫金、莱斯利·佩罗、迈克·诺顿、辛西娅·蒙哥马利和特蕾莎·阿马比尔。由卡林·努普和凯里·赫尔曼领导的哈佛商学院案例研究和写作小组为推动我们的研究过程及案例开发提供了大力支持。朱莉娅·阿努斯是我们的研究助理，她对本书的最终完成做出了巨大贡献。最重要的是，哈佛商学院技术和运营管理小组的优秀员工们对我们的研究过程及取得成果提供了极大的帮助，我们感激他们所有人。还要特别感谢朱峰，他对网络和平台的变革性研究与见解极大地启发了我们的思考，并且直接影响了本书许多章节的内容。谢恩·格林斯坦在许多方面也提供了很大的帮助，他的获奖著作，还有帮助我们形成了人工智能初创公司的几个非常棒的案例使我们更深入地了解互联网的历史。哈佛商学院数字倡议项目（我们是该倡议的共同指导者）的教职员工和来访者也一直是我们创新研究的知识源泉，他们为经济数智化转型的重要方面提供了许多思考线索。

在过去的十年里，我们的研究动力都源自哈佛定量社会科学研究所的创新科学实验室（LISH）。LISH 及其各种早期组织（NASA 联赛实验室和大众创新实验室）使我们能够与合作伙伴一起应对创新挑战，同时进行严格的社会科学研究。我们感谢 NASA 的杰森·克鲁森、杰弗里·戴维斯、威廉·H. 格尔斯滕迈耶、林恩·布奎和史蒂文·拉德与我们实验室的合作。我们与 NASA 的早期合作使我们意识到，人工智能算法可以解决一些最棘手的空间科学问题。我们也感谢与 Topcoder（杰克·休斯、鲍勃·休斯、麦克·莫尔斯、安迪·拉莫拉和戴夫·梅辛格）的合作，我们能够通过他们培育的创意非凡的众包社群来解决人工智能创新挑战问题。LISH 是一个独特的合作伙伴，它拥有来自全哈佛的合作者，我们要特别感谢伊娃·吉南（哈佛医学院）和戴维·帕克斯（哈佛保尔森工程和应用科学学院），他们使我们的工作得以技术严谨、聚焦实践。LISH 的工作人员、研究人员、博士后研究员、博士生和访问学者（包括金·佩克、迈克尔·梅尼蒂、安德里亚·布拉斯科、妮娜·考德斯、珍妮·霍夫曼、史蒂文·兰达佐、里纳特·谢尔盖夫和迈克·恩德雷斯）为我们的创新和深入研究持续不断地提供灵感来源，做出了好的榜样，我们非常感谢他们的奉献和辛勤工作。还要感谢我们的助手凯伦·肖特和林赛·史密斯，让我们的工作和生活井井有条且富有成效。

梅林达·梅里诺和哈佛商业评论出版社一直给予大力支持，并且鼓励我们把本书的重点放在变化迅速的人工智能领域，对此我们不胜感激。我们还要感谢约翰·斯维克拉和弗拉基米尔·贾西莫维奇，以及（再次感谢）杰夫·马洛维斯，他们对本书提出了非常有益的批评意见，使其大大完善。弗拉基米尔帮助我们理解了人工智能工厂的概念，并且使我们对人工智能工厂对现代运营模式的巨大影响产生了浓厚的兴趣。

最重要的是，我们要感谢艾米·伯恩斯坦对本书的撰写工作提供的巨大帮助。她与我们一道克服种种困难，温柔但坚定地引导我们去探索和思考，鼓励我们专心致志、充满活力、保质保量地完成本书的撰写任务。艾米在过去的八年里一直是我们的智力思维伙伴，她使我们的想法更完善、更敏锐、更清晰、更相关。没有她的帮助我们不可能做得这么好。

最后，必须要感谢家人们在我们的研究和写书过程中发挥的核心作用。我们在办公室的电脑前忘我地工作时，家人们必须忍受形单影只的时光。卡里姆要感谢妻子兼好友莎欣的耐心和智慧，因为他又开始了另一个"好项目"的研究，而她则把家里的一切照料得井井有条，使他能够安心工作，取得累累硕果。女儿西塔拉则让他对未来充满敬畏，激励着他让世界变得更美好。卡里姆的母亲杜拉特为儿子的事业做出了巨大的牺牲，她一直是他的人生支柱。马尔科要感谢妻子马勒娜奔放的激情和爱，她的许多想法、文章和帖子都给他以启发，她还不断地提出问题，使本书内容能够集中在真正重要的方面。马尔科还要感谢朱莉娅，她的质疑和挑战巧妙地揭示了问题的"另一面"，还有亚历山大——这本书的"首席技术官"，他确保了本书能够真正基于工程科学，并且激发了我们对人工智能实际影响的深入思考。最后还要感谢瓦内萨、苏亚和小 SJ（"马尔科在哪里？"），他们使本书的完成过程充满活力、激情和快乐。

马尔科·扬西蒂，多佛，马萨诸塞州

卡里姆·拉哈尼，剑桥，马萨诸塞州